创新创业导航

王保江◎著

Innovation
Entrepreneurship
Navigation

中国经济出版社
CHINA ECONOMIC PUBLISHING HOUSE
北京

图书在版编目（CIP）数据

创新创业导航／王保江著．
北京：中国经济出版社，2016.8
ISBN 978-7-5136-4229-3

Ⅰ.①创… Ⅱ.①王… Ⅲ.①企业管理 Ⅳ.①F270

中国版本图书馆 CIP 数据核字（2016）第 086622 号

责任编辑　李煜萍
责任审读　贺　静
责任印制　马小宾

出版发行　中国经济出版社
印 刷 者　北京柏力行彩印有限公司
经 销 者　各地新华书店
开　　本　710mm×1000mm　1/16
印　　张　16.25
字　　数　230 千字
版　　次　2016 年 8 月第 1 版
印　　次　2016 年 8 月第 1 次
定　　价　49.80 元
广告经营许可证　京西工商广字第 8179 号

中国经济出版社 **网址** www.economyph.com **社址** 北京市西城区百万庄北街 3 号 **邮编** 100037

本版图书如存在印装质量问题，请与本社发行中心联系调换（联系电话：010-68330607）

大众创业、万众创新，

每个人的小时代构成了社会的大时代。

每个时代的弄潮儿都似大海航行的水手，

任凭潮起潮落风高浪险，

是他们，在缔造着这个大时代。

做，让改变发生。

做难事，必有收获。

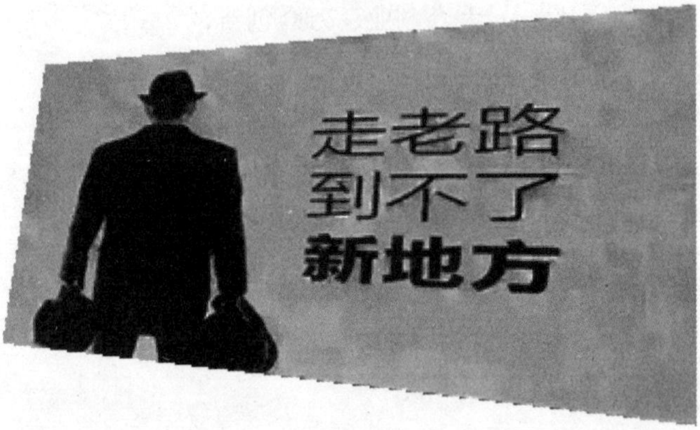

推荐序

大变革时代呼唤着创新创业

当今时代是一个大变革的时代，在这样的时代背景下，社会向青年人发出了强烈的创新创业的召唤。

在国际合作发展层面，2013 年 9 月 7 日，习近平主席在哈萨克斯坦发表重要演讲，首次提出了加强政策沟通、道路联通、贸易畅通、货币流通、民心相通，共同建设“丝绸之路经济带”的战略倡议。2013 年 10 月 3 日，习近平主席在印度尼西亚国会发表重要演讲时明确提出，中国致力于加强同东盟国家的互联互通建设，愿同东盟国家发展好海洋合作伙伴关系，共同建设“21 世纪海上丝绸之路”。在通路、通航的基础上通商，形成和平与发展新常态。“一带一路”的建设不仅不会与上海合作组织、欧亚经济联盟、中国－东盟（10＋1）等既有合作机制产生重叠或竞争，还会为这些机制注入新的内涵和活力。

在国家经济发展层面，“创新、协调、绿色、开放、共享”五大发展理念引领中国深刻变革，其中创新为首。从全局的角度看，只有五大发展理念齐头并进，才能给中国创造更好的内部和外部环境，让发展进入一个不断上升的良性循环。五大发展理念，正是对我们在推动经济发展中获得的感性认识的升华，既回答了“中国为什么能”的问题，更昭示着“实践—理论—实践”的过程。从发展移动互联网等新技术，到打造区域协调发展增长极，从建立用能权、排污权等初始分配制度，到推进“一带一路”建设，“十三五”规划建议中这些新部署、新举措，源于理念的推动，更是理念的落实。五大发展理念引领的，必将是中国发展方式的深刻变革。

在技术创新层面，“大智移云”引领了风起云涌的行业变革。我们所说的“大智移云”是指大数据、智能技术、移动互联网、云计算等，这些技术引发了社会经济、管理、生活等层面的深刻变革，并且处在不断深化发展的初期，其中以“中国制造2025”为核心引领。“中国制造2025”提出了我国制造强国建设三个十年的“三步走”战略，是第一个十年的行动纲领。“中国制造2025”应对新一轮科技革命和产业变革，立足我国转变经济发展方式实际需要，围绕创新驱动、智能转型、强化基础、绿色发展、人才为本等关键环节及先进制造、高端装备等重点领域，提出并制定了加快制造业转型升级、提质增效的重大战略任务和重大政策举措，力争到2025年从制造大国迈入制造强国行列。

在全社会动员参与层面，国家提出了大众创业、万众创新，发出了最直接的号召，以此来推动经济良性良好发展，推动发展调速不减势、量增质更优，实现中国经济提质增效升级。一方面，只有通过万众创新，才能创造出更多的新技术、新产品和新市场，从而提高经济发展的质量和效益；另一方面，只有通过大众创业，才能增加更多的市场主体，才能增强市场的动力、活力和竞争力，从而成为经济发展的内在原动力引擎。

由此，一副大变革的时代画卷已经跃然纸上。在这样一个时代背景下，创新创业大有作为，广大青年大有作为。

创新创业的浪潮与时代发展的强音已经开始了紧密的配合，在此之际我拿到了《创新创业导航》的书稿，欣然为之作序。

创新创业的确需要导航。

创新主要要面对巨大的不确定性，管控各种风险并从中获得成功，实属不易；而开办企业投身创业，更是一项艰巨的事业，也只有勇于面对这样的风险和挑战的青年人才是推动社会发展的主力军。为他们的创新创业过程提供指导、指引、辅导、扶持，是全社会应肩负的责任使命。

我认为，这本书的立意本身就是一种创新，本书从如何理解和把握创新的几个主要特征开始，对创新将要面临的主要挑战进行了分析和指导，有助于创新者做好创新过程中的思想准备和认知提升。然后，书中提出了企业如何实施创新的问题，并从若干方面进行回答和分析，特别是创造性地提出了企业价值链的构建与创造，我感觉起到了统领企业创新工作的指导作用。第三个篇章，作者从科技创新的源头——技术成果的转化谈起，阐述了技术成果转化的接力棒理念、守成与创新的转化思维以及技术成果转化过程中的要素组织等，体现了比较好的实际指导作用。第四个篇章，向全社会提出一个问题，即各方还能为创新创业者做得更好吗？这个提问非常有意义。在此基础上，作者从多个角度、参与方可以采取的措施和方法出发，提出了很多建设性的提议，非常新颖和有借鉴意义。书中还有一个非常创新的提法和论述，即作者将企业与人进行了一个类比，创造性地提出企业健康的问题，乃至可以衍生出企业质量学的研究方向。这个提法很有意思，按照作者的理解，我们可以认为企业是会生病的，这有可能提出一种帮助企业健康可持续发展的方法论，提出一种检查检测诊断企业发展的诊断方法。当然，这个方面还有待进一步研究论证，以期更好地发挥指导和改进企业经营管理的作用。

本书最大的特点是敢于提出问题，敢于提出新思路，非常有特点、有见解。我不一定完全同意作者的思想主张，但是非常欣慰能够有这样的意识和思路为创新创业的人们提供指引。我赞同作者本人的研究出发点，即希望在广大的创新创业者感到茫然的时候，能够为他们提供一点萤光、指明一点前进的方向，进而启发他们进行更深层次的攻坚克难，在创新创业的道路上走得更好、走得更远。

我今年已经 79 岁了，20 世纪 60 年代从清华大学毕业后，从事了各种各样的工作，并且有大部分的时间在企业工作，工作之余也从自身的体会和实践出发编著了几本书籍，对于从工作实践中总结提炼并形成理论体系深有体会。所以，我乐见这本书出版发行并能够为广大创新创业的人们提供帮助。

中国航空工业012基地原副总裁

深圳市汽车电子行业协会特聘专家

高　成

2016年2月19日

自　序

在“大众创业、万众创新”时代潮流感召下，在经济发展新常态的形势发展过程中，个人通过创新创业发展成就自身美好的未来，企业通过创新转型升级谋求自身不断的增长发展，已经成为这个时代的主流。

正如英国文豪狄更斯在《双城记》开头所说：“这是最好的时代，这是最坏的时代。”

《创新创业导航》这本书的内容是作者在五年工作过程中逐步积累形成的思考，其雏形是作者给广大创业者讲课时的备课讲义。

在与创业者沟通互动的过程中，我感觉到他们的“行动”远远地跑在了他们的“思想”前面——即先干起来再说，甭想那么多；同时，我也可以感受到他们对于可能的系统性思想指导的迫切需求。

所以，我认为好好总结梳理一下这方面的内容，既是自己的义务，也很有意义。我希望能够在大众创新、万众创业的社会发展背景下，给出一种有意义的分析和分享，发挥一些启发和引导的作用。

本书主要覆盖企业创新和个人创业两个大的主题。在经济领域，企业是创新的主体、个人创业是企业创新的生力军和不竭的源泉。围绕这两大主题，作为科技创新源头的技术成果，如何进行产品转化也是工作中重点思考分析的对象。同时，在支撑上面这几个领域发展的过程中，社会各方还需要提供必要的载体、平台、环境、政策以及进行有针对性的人才培养等，这些也是创新创业过程中必不可少的要素条件，需要一并纳入思考和分析的范围。

企业创新的目的就是围绕企业的 Value（市值提升）、Capacity（能力建设）、Potential（潜力构建）和 Environment（环境应变）做决策做规划，并将这四个目标作为企业经营的核心管理指标项。这个篇章将重点研究和论述企业为提升市值、巩固能力、构建潜力、应对环境变化而实施创新所需要关注的要素、途径、手段、投入、资源等，并提出了企业的五条生命线和五个分系统。

从市场经济角度，个人创业的目的是创造财富。在时代背景形成的过程中，关于这个方面的理论支撑体系还很不完善，多是师傅带徒弟、摸着石头过河的情形；而传统的商学院模式、企业管理模式，也已经不能满足当前个人创业发展过程中对理论体系支撑提出来的崭新的迫切的诉求。

青年人创业的初期，通常只具备单一要素优势，而且有很多时候是始于“想当然”和“无所畏惧”。这本身是值得鼓励的；但是，仅仅凭借以上的优势和认识还是很不够的，所以综合创业要素的具备和获取是早晚要补的重要一课。概括而言，个人创业的要素及要素之间的关系主要包括 Technology & Team（技术与团队，密不可分）、Idea（想法、思路）、Pattern（商业模式，盈利模式）、Plan（计划、规划）、Cash & Capital（现金流、资本）以及以市场商业计划为纽带的五个要素（TIPPC）的融合机制和方式。

技术成果转化是当前国家政策层面高度重视的一个重大领域，也是当前企业创新过程中寻找创新源头的主要方式。技术成果转化的核心在于“转化”，在转化过程中涉及比较复杂的机制模式问题，也因此，正如大家所感知的一样，技术成果转化说起来美丽，实际操作起来非常困难。

发展了几十年的“产学研”模式到底是不是最好的办法？“产学研”的机制模式需要哪些改进和完善？这些，都关系到技术成果转化与经济发展需求的紧密结合程度，影响和制约着企业创新过程中技术成果作用的发挥，所以在技术成果转化的研究中，重点是方法和机制问题的研究。

技术成果并不是孤立存在的，它同样需要凝聚一组重要的因素，从而更好地实现自身转化产业化的目标。其中主要包括：Technology & Team（技术与团队，密不可分）、Market（市场需求）、Cost & Capital（成本预算及资本运作）、Term（周期、期限），也包含在转化过程中（TMCT）的一体化、系统性机制设计和保障等问题。

概括而论，本书对大学生、创新创业者、科研人员、科技产业人员、企业家以及行业政策的制定者都有一定的借鉴参考意义。因为创新是推动各类各项工作的重要驱动力之一，所以书中关于创新特征的论述虽然代表了一家之言，难免有偏颇，但也反映了作者对创新活动本身的深入思考，进而也希望这个部分对所有准备和正在创新的人员有借鉴启发作用。

创新创业本身就具有强烈的不确定性和风险性，对于这样的事业和活动进行分析判断也同样是仁者见仁智者见智。所以，我们不能确定书中提出的观点、方法、途径是完全正确或有效的，因为这些问题还是非常复杂的，需要在实践中检验和尝试，人为地给出这些领域的结论也是十分困难的；但规律总应该在，总能够找到，只是期望快点、准点。

因此，作者以试图发现规律、把握规律为指导、为原则，通过自身长期的实践经验积累，力求完成一本对读者有用、对相关工作人员有参考借鉴价值的书。如果至少起到了抛砖引玉的作用，也是有积极意义的了。

王保江

2016 年 3 月

前 言

为什么行行出状元

《创新创业导航》是在具体实际工作中不经意地积累形成的。作者在过去几年工作中，恰巧从事与创新创业相关的工作，从一点也不熟悉这项工作、存在无数困惑和挑战起始，到逐步能够看清工作的本质、能够比较清晰地谋划落实工作为止，中间体会最深刻的有两点：一是规律是什么、规律怎么把握；二是“做难事必有收获”，贵在坚持和执着，即使错了也会积累经验，这样的失败是走向成功的可靠的基石。

在茫然不知所措的时候，回响在我脑海里最多的一句话就是“三百六十行，行行出状元，那么每个行当的状元具备的共同特征应该是什么?”经过反复思考，我认为每个行当的状元一定是能够把握和运用好这个行当规律的人。

所以，客观存在于事务中的规律，是真正能够把这项事务做好的最根本的原则性指引。结合创新、创业的主题，我们会自然地去延伸思考：企业为什么去创新？企业靠什么去创新？企业不创新会怎么样？也会去思考：个人为什么去创业？创业与创新是什么关系？创业过程中技术到底有多重要？只有按照这个思路，透过一层一层的现象、不同的说法认知，认识到本质的规律，才能够取得成功最重要的保障。

规律天然所成，有时浅显，但大多时候又深藏不露。

所以，在把握和运用规律的过程中，第一个难点就是发现规律。很多时候，希望大家能够理解和认识，我们平常谈的原则性的指引并不是规律，而多是现象层面的认知，即共识。支撑这些共识背后的规律，提及的却少了很多，因为更多的时候，这些背后的规律性的东西对人们工作生活的改善作用是隐性的。有时我们更愿意把成功或不成功归结为“运气”“机遇”的好坏，这更容易解释现象；但事实上，在其背后，还有强大的发展规律在左右着。

《创新创业导航》以把握规律为考虑事物的方法论，重点希望能够描述清楚企业创新、个人创业以及科技创新中重要的技术成果转化等三个方面的问题及其相关的部分内容。从最核心的规律部分出发，然后到方法、载体、实践等有关环节，进行分析、探讨、指引。

《创新创业导航》不是理论上的归纳总结，它更像是对实际工作的感悟、分析和反思。由于作者工作本身的局限性、对创新创业理解的狭隘性，不能确保书中的内容是完全准确的、正确的，非常欢迎有识之士多多批评指正。

在当前社会发展形势下，在科技创新驱动发展的战略指引下，在大众创新万众创业的政策号召下，对创新创业的规律性研究是有必要的，本书权当抛砖引玉，甘做垫脚石。

王保江

2016 年 3 月

目 录

在大众创业、万众创新战略的感召下，相信会有越来越多的青年人投身创新创业中。关于创新，在不同领域都有各自的规律和要求，但是在开始创新之前，有很多共性的问题——特别是将面临哪些主要挑战——需要创新者了解，这样就能够为具体创新工作的开展提供思想上的指引，提高创新的成功率。

02

第二章 企业如何实施创新

企业的发展从来都不是一帆风顺的，在平静的表面下时刻隐藏着巨大的风险和挑战。人们认为应对这种风险和挑战的出路在于不断实施创新，这才能确保基业长青，这是为什么？创新对于企业而言如同营养素，多了或者少了都是不行的，如何比较恰当有效地实施企业创新？企业家精神的核心就是创新精神，企业创新的核心推动力也在于企业家精神，如何让企业具有企业家精神？关于这些问题的答案，是不同企业能否通过创新不断取得成功的本质所在。

03

第三章 如何把技术成果转化为产品

企业自身要创新，对外整合科技创新资源是重中之重，但是将专家手中的技术成果转化为产品，成功率一直不高。这种看似非常正确的事为什么不容易实现呢？究其根本，我们认为这个协作转化过程如同赛场上的接力赛跑，参加比赛的运动员除了自己跑之外，更重要的是要练习接力棒的交接；而企业和专家作为“运动员”，相互之间的练习和配合太少了，也没有非常好的观点和方法为他们的共同协作提供指引。在企业技术成果转化的过程中，“接力棒”就是专家的技术成果，“完成比赛的成绩”就是转化出产品的市场价值，在企业创新研发的实践中，要将重点聚焦在双方合作的“接力区”设计上，包括规律的把握、规则的设计、协作的训练等，使得一旦有成熟的选手产生，就能脱颖而出。

04

第四章 各方还能够为创业者做得更好吗

个人创业是很多人的梦想和选择，即便事先知道会面临失败。而通过不断地失败最终取得成功，大体上也是必须经历的磨炼过程。个人创业不是创业者一个人的事，大则关乎国家社会经济发展，小则关乎一个家庭的幸福和睦。所以，社会各方还能够为创业者提供哪些更好的支持与帮助，从而使得他们在自己创业的过程中、磨炼的过程中、发展的过程中能够得到及时有效的支援帮助？这是需要政府部门、孵化园区、创业者自身都认真思考的问题。显然，好的环境、好的政策对创业者的帮助是巨大的。所以，如何为创业者打造以人为本的好的创业环境，是社会各方需要一起努力的重点之一，而不仅仅是瞪大眼睛看着他们去创业那么简单。

05

第五章 企业如果像人一样生病了怎么办

企业像人一样会生病。比如，缺少创新的企业会表现为“营养不良”，缺少现金流的企业会表现为“败血症”或“白血病”，决策层出现问题也可以类比为人类大脑出现的某些疾病。当然，还不能这么简单地定义企业的健康和疾病。所以，如何从健康的角度，结合西方管理学的定量优势和东方企业管理的定性特点，对企业进行诊治，从而检查到企业的疾病并对症下药，是未来中国企业不断做得更好的一个理论和实践探讨的重要议题。这里尝试给出了企业的健康描述、评估方法、病症改善，也谈了企业最重要的隐患是缺乏企业文化所支持的精神，精神不好百病来袭。

06

第六章 趋势案例分析

我们常说大势所趋、趋势制胜、趁势而上等，对于正在创业或者开办企业的朋友而言，当前的趋势是什么，如何在趋势中保持紧密一致，如何定位或者改变企业的发展趋势，这是非常重要甚至生死攸关的选择。每个行业都有其行业发展规律，即便是被很多人唱衰的传统行业也会孕育非常具有爆发力的潜在趋势机会。所以，我们给出一些领域趋势的分析，仅仅是作为启发和分享，因为对趋势的理解和把握恰恰是企业家最重要的事情之一，不会出现千篇一律的选择，也不会出现没有人选择的领域。理解和把握好趋势发展脉搏，给出一些案例分析，是有帮助的，当然这些还不能作为投资决策的依据。希望进一步展示和说明：趋势是创业者和企业家最忠诚的盟友。

第一章

如何理解和把握创新的六个特征

在大众创业、万众创新战略的感召下，相信会有越来越多的青年人投身创新创业中。关于创新，在不同领域都有各自的规律和要求，但是在开始创新之前，有很多共性的问题——特别是将面临哪些主要挑战——需要创新者了解，这样就能够为具体创新工作的开展提供思想上的指引，提高创新的成功率。

创新，是在做天下最难的事情。

写下这句话时，我们认为，即便可能存在争议，但也希望通过这样的表达方式来突出强调创新的难度。因为，对于创新者而言，用最普通的话语来表述，就是在做“多数人认为不可为的事情、不正确的事情、打破常规的事情、挑战秩序的事情，等等”。这是不是天下最难的事情?

不仅如此，还不是做就做了那么简单。很多时候，创新者必须为失败承受巨大的打击，承担巨大的责任，极端情况下还会失去生命。这种情况下，一个创新者是不是在做天下最难的事情?

从逻辑的角度看，创新成功的概率也是很低的。按照逻辑学原理，小概率在一次事件中是不能够发生的，也就是一次创新就取得成功几乎是不可能的，走向成功的过程中可能就是99 次失败，而最后第100 次才取得成功。这也彰显了“创新是天下最难的事情”这一特质。

所以，对于筹划或正在从事创新创业的人而言，认识和理解一些创新的本质含义、性质、责任、后果，是有益的。

第一节　挑战：创新，游走在犯规和颠覆的边缘

“当一项改革受肯定的时候叫作勇于创新，当被否定的时候就可以说是犯规违法——既然新规则还没出来，突破老规则自然就是违法，就可能受惩罚。”这句话是从我一本书中节选的，当我读到这段话的时候非常受触动，有共鸣——很多“新的”事物，是需要从突破“旧的”事物中发展起来的。

创新，必然是突破性的、颠覆性的，必然是要受到旧的、已有的规矩约束的。规范的条条框框不是创新可能发生的合适土壤。所以，为了社会创新进步发展，有很多规矩是到了改改的时候了。

小岗村分田到户，大家摁了手印。在规矩与法律面前，摁手印其实是没有意义的，只不过他们的方式恰恰代表了当时的先进的生产方式，故受到了肯定。

当前，“大众创业、万众创新”潮头涌起。这里的创新是基础性的、制约性的。我们不能把在街角“开个餐馆”这种创业与创新联系在一起。我的理解是，如果没有体制机制对创新的保障和环境的营造，任何技术科技的创新都是没有土壤、没有保障的，也会导致很多伪创新及抄袭剽窃。我们有很多科技成果，然而实际上是不是应该有更多更好的成果呢？投入成效比如何呢？

难点在于，体制机制的创新必然是要求“规则的制定者”自愿打破“自己制定的规则”。反之，如果要求“规则的遵从者”打破“现有规则”去实施创新——一如小岗村的农民的创举，这必然是**极小概率**发生的事情。真若如此，创新的生存土壤必是贫瘠的。

体制机制怎么保护创新，这是一个非常复杂的问题。若要简化，也可以

一句话来概括——**“宽容失败”**，即真正从全社会营造崇尚“宽容失败”的气候氛围，高度地给失败者以鼓励，不断为他们创造更多机会。无人不知“失败是成功之母”，可是几乎也没有人愿意和直面“成为失败者”，社会也往往鄙视之。每个人都想直接成为“成功者”。这就是我看到的我们的文化基因。创新，本身就是“试错”，多数人会成为失败者。就体制机制而言，要对此进行保护、鼓励和支持。

最后，历史与经验告诉我们，创新与创业本身是从“无序无意”中诞生的，“有心栽花”从来没有干倒过“无心插柳”，归纳一句：**适度混乱有益创新，过度规范只能守成。**

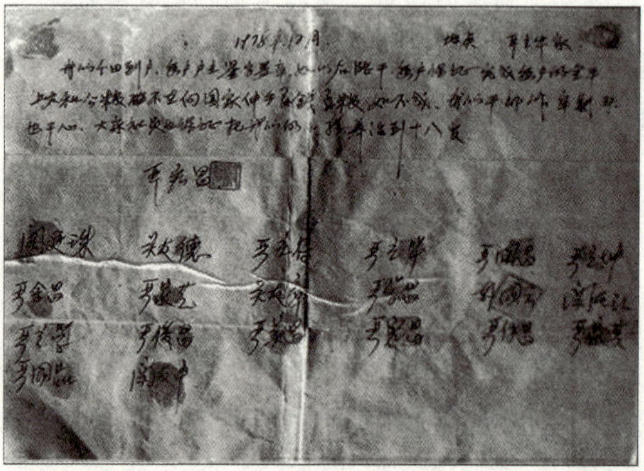

图 1－1　小岗村村民签字①

第二节　阻碍：不作为易，敢担当难

经过改革开放三十多年的发展，中国社会经济取得了举世瞩目的成绩。小平同志在改革开放初期提出了“摸着石头过河”的战略指导思想，浅显易懂，解放了国人思想，促进了改革开放的成功。深圳作为中国改革开放的前

① 图片来源于网络。

沿阵地和经济特区，取得了骄人成绩，形成了“敢想、敢闯、敢拼、敢干”的深圳精神。

然而随着社会阶层的逐步形成和稳定，随着社会生活的逐渐富足和安逸，随着社会发展机会的竞争和减少，“敢”字当头的创新精神也越来越稀缺。

很多时候，我们能够看到明哲保身的思想渐渐成为主流。1937 年 9 月 7 日，毛泽东同志发表的《反对自由主义》中列举了 11 条自由主义的表现，其中：“事不关己，高高挂起；明知不对，少说为佳；明哲保身，但求无过。这是第三种。”“办事不认真，无一定计划，无一定方向，敷衍了事，得过且过，做一天和尚撞一天钟。这是第九种。”

现在看来，上面的这些现象已经很普遍了。

从法律角度看，不作为是相对于作为而言的，指行为人负有实施某种积极行为的特定的法律义务，并且能够实行而不实行的行为。不作为是行为的一种特殊方式，与作为具有一种相反关系。典型的如行政不作为，它是指行政主体及其工作人员有积极实施某一行政行为的职责和义务，应当履行而未履行或拖延履行其法定职责的状态。不作为的行为性在证明上的困难缘自它是身体的静止，即不像作为那样存在身体的外部动作，在单纯物理意义上是一种“无”的状态，因此从物理的意义上难以证明不作为的行为性。为此，在不作为的行为性的证明中，往往引入目的性与规范性的视角，这种努力是有一定价值的。不作为虽然在物理意义上是“无”，但这种“无”的状态本身是受行为人的主观意志支配的，因而从人的态度上来判断也是一种“有”，在故意的不作为的情况下，不作为正是行为人之所欲为。凡此种种，可知：认定不作为是一件很难的事情，而选择不作为又是非常容易做到的事情。

不作为不能做成事，严重的时候还会耽误事。所以要大力提倡和鼓励敢担当的态度和精神。

有位必有责、有责必担当、担当必有果。工作中，敢担当的人才能取得有效的成果。“天下兴亡匹夫有责”“为中华之崛起而读书”“不辱使命”等等，都是敢担当的具体体现。担当，是人之存世之魂，是国之立世之神，是每个人应具备的责任和使命。担当作为一种精神，存在于人的生命和社会发展的历程之中、历史转折之际。**世事危难之秋，思想禁锢之地，人性扭曲之时，平凡工作之中，都需要我们勇于担当**。担当不仅要有一力承担的勇气，而且还要有合作共事的胸襟；担当不仅要有埋头苦干的执着，而且还要有独辟蹊径的创新；担当不仅要有义无反顾的果敢，而且还要有如履薄冰的谨慎；担当不仅要有夺取成功的信心，而且还要有接受失败的准备。

担当是责任，更是使命。责任，就是指做好分内的事。从这个意义上来说，就是自己的事情自己做，并把它做得更好。既然我们被社会推到现在的岗位上，那就应该无愧于时代赋予我们的责任。担当需要诚实守信，它既是一种自身附带的尊严，更是一种美好的人生品格。担当更要敢于面对挫折，任何事情都不是一帆风顺的，特别是要想干出一番事业、成就自身价值的人，更要有敢于面对困难和挫折的勇气。

第三节　核心：创造价值才有价值

每个人都在不断追求自身价值的体现和社会的认可。然而在这个过程中，如何才能不自卑、不傲慢、不悲观、不盲目，正确客观地接受自身价值的暂时定位及充分地挖掘和提升自身潜力，以获得更大自身价值的体现和认可，有两个方面的问题需要解决：

一、如何认识价值

每个人都有价值，可分为社会价值和经济价值，不完全相同。通过在社会上的劳动交换，可获得市场价格，充分体现自身的经济价值；通过自我人格的不断完善，能够承担社会赋予的更大责任，体现社会价值。

通常来说，实现自身经济价值是实现自身社会价值的基础。在这里，我们该如何认识自身的经济价值呢?

首先，一个人自身的经济价值是短期内恒定、不容易改变的，要通过不断的自我完善才能逐渐提升。其次，一个人的经济价值体现在以劳动收益为主要形式的价格上，与价值本身有很大不同，其变化和波动是频繁的。这是为什么呢?简单说，就是在能够体现自身价值的岗位上，会获得较高估值，劳动价格就会偏高;反之则偏低。

二、如何创造价值

找到自身合适的岗位是很重要的。干一行爱一行，是纪律;爱一行干一行，是追求。一个人需要不断选择自己更适合的岗位。同时，不同行业间相同相似的岗位，价值和价格认可却有巨大的不同，这说明了行业的兴衰对个人价值及价格的影响很大。由此，尽可能在优势行业中寻找合适岗位就尤为重要。

首先，必须具备创造价值的能力。创造价值的过程中，自身作用越大、越不可或缺，就会在总价值中获得越大份额（通常创造价值的过程都是多人完成的)，自身价格就会溢价而定。如同股票有更高的估值，就是因为有创造价值的良好预期。

其次，价值的价格体现。经济学原理已经说明了价值与价格的关系，价格会围绕价值波动。因此，一个人不论如何高度认可自身价值，都必须通过劳动交换来体现，只有交换了（交易）的才有价格。换言之，价格体现价值的过程就是如何交换的过程。

第三，交换是利用或限于信息不对称产生了溢价或贬值。为此，交换中某一方至少要消除信息不对称的负面影响，另一方则要充分利用信息不对称的便利。随着整体行业充分交换的形成，溢价和贬值的情况就会较少发生。这就是为什么有虚伪、有掩饰、有忽悠、有欺骗、有厚黑等等了，其核心目的是维护信息不对称带来的便利。

第四，最重要的是:不要关注价格，即不要关注自己得到了什么、想得到什么，能得到什么，而是要聚精会神地关注自己创造了什么价值、能创造什么价值、怎样创造价值。只要如此，终有机会发展发达，机会总会给这些有准备的人。

最后，要清醒。创造是很不简单的，是能力素质的集中体现。不能人云亦云、空洞无物，要有思想，能够实现、能够落地、能够传递、能够服务他人，要有一个核心的发现和认识的过程，更应是创新的。如果没有以上的要求，那么价值就是社会充分交换后的一个固定价格，而且通常不会太高；更有甚者，在当前即不被认可，无法交换，没有价格。

第四节　灵魂：创新环境的好坏是关键

创新的客观要求可以理解为“崇尚创新、宽容失败、支持冒险、鼓励冒尖”。在知识经济时代，创新的作用得到空前强化并升华成一种社会主题。然而现实是，实施各类创新非常艰难和坎坷，而且风险巨大。在这种情况下，如何有效地进行创新实践呢？

一、创新者的窘境

从哲学上说，创新是人的实践行为，是人类对发现的再创造，是对物质世界的矛盾的再创造。人类通过物质世界的再创造，制造新的矛盾关系，形成新的物质形态。

作为创新者要面对强大的正面压力和阻力。事实上，任何一个好的创新，或者一个要突破现实的创新，都一定是有阻力的。首先，创新的风险是巨大的，在改革创新的道路上更多的是先烈先驱，没有前赴后继的长期过程，改革创新很难成功。创新者承担这些风险，压力是巨大的。其次，创新意味着对旧事物的否定，意味着在现实存在看似合理的事物中寻找不合理的、不正确的以及不存在的可能，这个过程是孤独的和无助的，也是不断制造矛盾和解决矛盾的过程。第三，创新的变革意味着原有格局的变化，特别是利益格局的变化，这种变化引发的矛盾不论在宏观还是微观层面都是非常尖锐的，创新者要突破这种格局，其创新实践才能持续下去。

对于创新者而言，协作群体的“不作为”也是很大的伤害和阻力。不作为很容易蒙混过关，但是也不能做成事，严重的时候还会耽误事。1937 年 9 月 7 日，毛泽东同志发表的《反对自由主义》中指出：“事不关己，高高挂起；明知不对，少说为佳；**明哲保身，但求无过。**”我们看看，这种情况在现实生活中是不是还非常普遍呢？所以在大力提倡和鼓励敢担当的态度和精神的同时，要时刻注意消除不作为带来的阻力和负面影响。

从创新者角度，“好的管理”往往导致创新的失败。从组织文化层面，管理制度的不合理往往会压抑员工的创新精神。要创新，就必须打破旧制度，建立新制度。从创新的失败概率看，一次成功的创新通常都是以多次失败为代价的，没有什么比害怕失败会导致惩罚更能够抑制创造力和创新意愿。如果组织的管理精益求精，容忍失败的创新空间会非常狭小，往往不会给予“多次失败的机会”，那么很多本来可以成功的创新也会被扼杀在一次又一次的失败路途上。对于技术创新和新产品研发而言，Facebook 创始人马克·扎克伯格曾说过：“**创新来自有组织无纪律。**”管理环节上为创新者减少束缚的程度，决定了创新成败的空间大小。

二、创新环境是实施创新的灵魂

创新的环境，首先是一种鼓励，鼓励人们去探索未知的世界，去思考我们生活周遭的各种各样的需要。这是一种需要正向激励的环境，需要一段很长的容忍过程。没有好的创新环境，就培养不出好的创新动力。

创新环境包括两个主要部分，一个是创新的法律环境，另一个是创新的组织文化。为创新提供良好的法律环境是国家层面的事情（组织范畴内则是规章制度环境），而营造良好的组织创新文化可以视为创新环境的核心，是能否成功持续实施创新的灵魂。

创新文化建设的过程实际上就是“**崇尚创新、宽容失败、支持冒险、鼓励冒尖**”的创新活力激活过程。创新文化要求员工在工作中创新、管理层在管理中创新，并且以宽容、支持的态度去鼓励创新。创新使得组织的每一个构成元素都活跃起来，以新的构成形式重新组合，形成新的体制机制。此外，特别要避免急功近利的心态，否则不会产生好的创新环境，创新的实践活动也不可能发生。

管理创新是指组织形成创造性思想并将其转换为有用的产品、服务或作业方法的过程。管理层实施的管理创新又进一步地成为创新文化建设的关键内容，成为创新文化的核心，也是制约或者推动创新实践的灵魂。这也是以管理创新为核心的创新文化建设的关键的内容。一般来说，当管理者说到“要将组织变革得更富有创造性的时候”，他们通常指的就是要激发创新。能否不断地将创造性思想转变成某种有用的结果，是判定该组织是否富有创造性的标志。

最终，管理创新结果的很大一部分会形成**制度创新**，所以只要看看组织具体制度创新的数量和效率，便可以很容易地判断一个组织当前是否具有创新活力、是否具有创造性。制度创新是指在人们现有的生产和生活环境条件下，通过设立**新的、更能有效激励人们行为的制度、规范体系**来实现组织的持续发展和变革的创新。所有的创新活动都依赖于制度创新的积淀和持续激励，并通过制度创新得以固化，以制度化的方式持续发挥自己的作用。

要解决前所未有的问题，必须采用新的方法，这就需要组织抛开已经被充分挖掘的管理智慧金矿，转而采用非传统原理、方法打开管理创新的新的“矿层”。

三、创新必须也只能通过实践来实施和检验

创新起源于“对现状的不满”。比如，对现有技术的不满、对现有产品的不满、对现有管理的不满、对现有制度的不满，等等，进而通过完善、创造、改变的创新实践活动，试图解决这种不满。在这个过程中，只有通过实践、实验，才能够找到正确的道路。源于对中国经济发展与人民物质文化生

活需求不相适应的不满，小平同志提出“摸着石头过河”的战略方针，指导了中国改革开放波澜壮阔的事业，其根本就是通过具体实践来寻求中国经济发展的正确道路，来探索中国经济改革开放的正确方向。

创新来源于实践，又推动着实践。创新是知与行的结晶，认识到了要采取行动，行动完了要认真总结。当初小岗村能够有十几个农民开秘密会议，搞出一个生死状，肯定是认为不这么干就没有活路了。这种创新实践，最后演变成了在全国范围内实行的“联产承包责任制”的制度创新和实践创新。作为农村改革的成功范例，其为中国经济改革奠定了关键性的基础。认知的过程就是不断消化吸收所学知识的过程，是透过现象看本质的过程，是总结经验查找问题的过程，是判断症结对症下药的过程，是想办法、找对策的过程。行动实践的过程就是认知转化的过程，只有这样才能实现创新的价值。创新实践实际上也就是知行合一的过程。

创新终结于需求和问题的解决，要靠实践来检验。从长周期来看，当新的需求和问题产生之后，围绕着该需求和问题的创新活动就会层出不穷。社会发展需求的不断变化和飞速进步，导致现代社会的创新无处不在、无时不在，甚至可以说不创新则亡。因此，在组织文化层面上，关于创新意识、创新环境的建设永远不能放松；在具体事项的创新过程中，如果聚焦的问题和需求没有得到解决，要为持续的创新提供政策机制保障，要坚持推动持续不断的创新。创新是否成功只能通过具体实践来检验，只能通过具体实践对需求和问题的解决程度来检验。

第五节 两面：守成与创新

守成与创新同等重要。

守成中要注重创新，创新中要注意定规矩、守规矩。

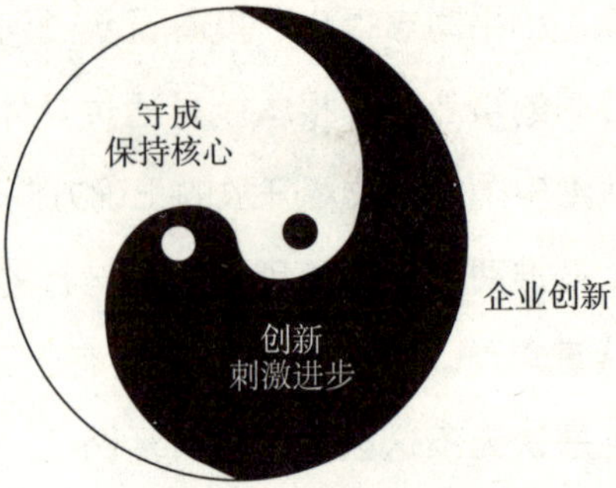

图 1-2　企业创新太极图示

什么样的情况下守成？**严格意义上而言，“成果”是守不住的**。道理很简单——逆水行舟，不进则退。所以，单位或者个人，一旦以“守成”为主要目标、战略，那么注定是要走下坡路的。

为什么很多情况下会“守成”呢？这主要是因为，99.99% 的情况下，从事工作的人都是为“报酬”而工作，而不是为事业、为单位、为百年大计而工作。踏踏实实做好本职，没有风险最好。趋利避害，对于普通人而言已经很好了。所以，不能责备“为什么大家都不愿意创新、创造、试错”，因为创新成功了跟自己关系着实不大，失败了则可能万劫不复。而只有 0.01% 的人，作为单位负责人、企业负责人、担负全部责任的人，是不可能以“守成”为目标的。他们怎么去调动创新的力量？

另一方面，创新是悲怆的，是极其不容易的事情。企业或个人小有成绩了，那么意味着经验积累也是到了一定的高度了。如何有勇气否定自己？想创新的人，可能看到的问题或弊端是真实的，他就需要做比普通工作更多的工作：调研、分析、论证、实施、验证、说服、挑战、颠覆，对于个体（团队），如果稍有失误就不可能创新成功。

守成与创新都有机会成本。有时也都有投机因素在里面。首先，守成也好创新也罢，都有道理。在不同时期情况是不一样的，比如：成熟企业内创新的比例自然低，初创的企业里则处处需要创新发展。选择哪个决策，都是要付出机会成本的，具体看是服务短期目标、长期目标还是未来战略发展目标。其次，

“投机”的氛围也是随处可见。为什么“投机”，就是期望实现“风险”回避的同时还能获得稳定增长，期望低投入还能获得高回报。但事实上，真没有这样的好事。无论守成还是创新，其实风险都是很大的。但社会上普遍认为“守成”没有风险、“创新”处处是风险。这样的理解是不是占多数?

“守成”没有风险是假的，千万不能相信这样论断。“创新”处处是风险，但孕育着更大的发展。所以，要时刻创造条件支持创新。

最后，“守成”的人看似为单位创造的价值很大，但是实际上其占有的成本一定也是很大的，就成本效益率而言，可能不会高于社会平均水平。“创新”的人表面上看没有创造价值甚至是带来了混乱，但是恰恰是这种适度的混乱、挑战，创造出来的矛盾，才能确保企业更健康、更有免疫力、更有发展潜力。所以，如何对这不同的岗位（决定守成与创新岗位是决定因素之一）及责任进行绩效考核和激励，如何鼓励和激励承担“守成”和“创新”的人并实施不同的绩效考核机制，对于单位与企业的百年基业而言，就是至关重要的了。

第六节 方向：把握和顺应趋势才能不断发展

没有人不想成功，不想拥有成就；没有企业不想盈利，不想发达。对于个人和企业而言，能否把握并跟上趋势是能否获得发展的至关重要的能力素质。

何谓趋势?

趋势是指事物发展的动向，表示一种方向尚不明确的或只是模糊的指向的遥远目标和可能持续发展的总的运动。

没有人或企业可以逆趋势而动。顺应趋势发展，才是正确的选择。这样的例子很多。

伟大的企业都是时代背景下的企业，都是能够在每一次发生革命性变化的时候敏锐感知并及时跟上趋势发展的企业；反之，很多不能够及时感知、把握和跟上趋势发展的企业则会最终落败。比如我们熟知的 Nokia，在移动互联网、智能手机的发展趋势下，它没有跟上，导致其手机产业失败。如果，仅仅是如果，Nokia 公司能够感知现在的趋势，倒退十年制定发展战略，其手机产业一定不会倒下。这样的失败或者成功案例很多。

说到趋势制胜，中国颇有几家优秀的企业，比如腾讯、百度、阿里巴巴等。雷军曾说："站在风口上，猪也能飞上天。"这里的"风口"是一个形象的比喻，不能仅仅理解为"起风了"，而应该更深层次去理解，其实就是对"趋势"的把握。因为趋势难以把握，所以找到风口并不容易，还得看趋势持续的时间，这些都需要企业家及时应变。比如，在电子消费品领域，做 DVD 的企业曾经很多，但后来我们发现 DVD 这种趋势只是暂时的，当年很多红极一时的企业，如今也早已经销声匿迹了。

于个人发展而言，如果你是打工者，那么当你具备一项社会普遍认可和接受的劳动价值的情况下，怎样选择行业呢？按照趋势制胜的思想，应该是去正在趋势发展方向上的企业就业，这样会有更大可能性取得更多的收获和发展。这种趋势的力量，是不以个人的意志为转移的。社会上的行当多种多样，但不同行当所具有的经济效率、经济能力是有很大不同的，当然所需承担的风险也是不同的。在选择工作的时候，看看所处的行业、企业，对于趋势的把握和跟进是一个很有意义的决策指标。

顺便说一下：当前社会发展的趋势是什么？那就是科技与金融。**科技与金融恐怕会涵盖未来相当长一段时间内社会发展的主旋律、世界发展的主旋律。**

第一，科学技术是第一生产力，创新驱动发展是未来的主旋律。这个内涵其实是非常丰富的。鉴于我们这里重点讨论的趋势问题，所以简要分析一下。

一个视角：我国经济改革开放 30 多年来，通过创新驱动发展，已经到了不得不为之的阶段。换言之，过去办企业，由于市场需求、产品需求、国际生产转移等诸多要素，只需拥有资金和资源，就能够获得盈利。这也可以理解为，过去办企业赚钱，对创新的依赖性不是那么强烈。而现在不行了，只有创新才是提高经济效率、提高劳动生产率进而创造出利润的充分条件了。低成本、资源消耗型发展阶段，已经结束了。

另一个视角：随着从基本需求的满足到更高需求出现，普通性能和质量的产品越来越没有市场。这就决定了，同时企业应该也能够注意到，制造出更好的产品才是正确的选择。我们甚至可以断言，在全球经济一体化、国际化的趋势下，只要企业的产品质量优良、性能优越，就一定可以有更好的销路；反过来看，如果企业的产品质量粗劣、性能低端，随着人们生活水平和消费需求的不断提升，必然销售堪忧——这些产品最终卖给谁呢?

所以，只有将创新，包括科技创新，转化成企业发展的生产力，转化成企业的优质产品，才是未来发展的相当明确的趋势。这个时候，有的企业如果理解还不够深刻的话，发展起来的机会就越来越渺茫了。

第二，金融资本是第一推动力。马克思在论述社会资本再生产时指出：货币资本“表现为发动整个过程的第一推动力”。

科技创新离开金融驱动是不可能实现的。

当前，金融资本市场的发展与每个人、每家企业都密切相关，这方面的内涵与深度如此之广博，绝不是简简单单几句话就能够论述清楚的。

在讨论趋势的范畴内，我们只想指出的是，无论个人还是企业，都必须具备明确的、可行的金融资本运作能力，否则必然跟不上社会发展趋势。

于个人而言，我们可以看到，在过去20年左右的时间里，拥有或未拥有房产几乎就是决定是否是中产阶层的分水岭了。这是因为，住房具有鲜明的资本属性，并且在经济发展过程中，体现了强大的增值能力。如果没有紧跟这个趋势，那么对于很多人而言，工资收入完全无法赶上房屋增值的部分。现在大家回头看，都认同这个趋势了。但问题是，这个趋势还会延续吗?

可以说，未来的20年或者更长时间，呈现出股权时代的发展趋势。即：在未来，是否拥有企业股权以及拥有多少，是划分财富层级的重要指标。金融资本市场最终将支撑这一趋势的形成和发展，并给予普通人更多的创造财富、积累财富的机会，就如同过去在房地产市场一样。

获得股权和股权变现是两个重要维度。获得股权可以通过投资和创业来实现，股权变现则需要通过金融资本市场来实现。而现在，我们可以看到，随着多层次资本市场的建立以及个人创业趋势的发展，不论是获得股权还是股权变现，都变得比以往机会更多，也更容易实现了。

所以，不懂得金融资本运作，不去主动掌握和了解金融资本运作，不积极地参与到这一轮重大发展趋势中来，对于个人或者企业而言，都是漠视趋势力量的无知乃至愚昧的表现。比如，假定你什么都不做，可以吗？答案是不可以。因为，人民币国际化、人民币汇率市场化，你手里的钱将随着这些变化而变化，不去适应是不行的。“逆水行舟，不进则退”，说的就是这个道理。在趋势已经形成、方向已然明确的条件下，还不能够积极跟上和适应，那么就是会不断倒退，没有办法发展，甚至连生存问题也会变得严峻起来。

趋势是战略层面的。对于个人或者企业而言，生存永远是第一位的，而发展是第二位的。在生存的基础上，在有能力谋发展的前提下，应尽量走在适应时代趋势的发展方向上；如果不能做到这一点，那么就是通常所说的需要转型升级了。

图1-3 大鱼与小鱼关系图示①

所以，说一千道一万，谁能够把握趋势，谁就能够有更多机会、更大可能，取得更好发展。

最后说一点：**风险是全方位的**——保守、激进、守成、创新等，都是有风险的。任何时候、任何趋势情况下，不会有一种选择是“无风险”的。因此，只有愿意承担一定的风险，才可能获得相应的发展或收益。

① 图片来自网络。

第二章

企业如何实施创新

企业的发展从来都不是一帆风顺的，在平静的表面下时刻隐藏着巨大的风险和挑战。人们认为应对这种风险和挑战的出路在于不断实施创新，这才能确保基业长青，这是为什么？创新对于企业而言如同营养素，多了或者少了都是不行的，如何比较恰当有效地实施企业创新？企业家精神的核心就是创新精神，企业创新的核心推动力也在于企业家精神，如何让企业具有企业家精神？关于这些问题的答案，是不同企业能否通过创新不断取得成功的本质所在。

与所有的创新一样，企业的创新也是一件非常困难的事情，同样面临重大的不确定性、极高的失败率。即便如此，企业不创新则必然灭亡，也就意味着再难企业都要不遗余力地不断实施创新发展。

总体而言，企业创新强调适度，难点在于度的把握，在于方向的选择和坚持。做企业，不能朝三暮四，那是找死；做企业，也不能一棵树上吊死，那是愚昧。

从企业家角度看，企业创新很像盲人摸象，在向着未知的方向、不确定的内容进行投入的过程中，走到哪里，做到什么程度，不好说。

我们“摸象”的初步观点是：

1. 创新是企业的营养

企业不断实施创新，也就是不断汲取发展营养的过程。不同的企业需要的营养是不同的，所以也很难借鉴和复制。在汲取创新营养的过程中，一般会出现营养不良的情况，即创新不足；也会出现营养过剩的情况，即创新过度。这两种情况，对于企业创新而言都很难把握，也都可能致命。从严格意义上来讲，具有创新精神和创新能力的企业才能真正称为企业。

2. 企业的营养状况时刻变化

有时，有些好好的企业突然就不行了，或者有些濒危企业慢慢又变好了。从“创新是营养”的角度可以直观分析判断，随着企业的不断发展，所需的营养状况也在时刻发生变化。当创新与发展所需的变化匹配时，企业就是健康可持续的；当创新与企业的发展变化不匹配甚至难以满足需要时，企业就会如同人生病一样，出现各种状况。

第一节 几个先导案例

今天，当我们看到港口或者货车上的集装箱的时候，可能不会去想太多，认为这就应该是最好的方式。但是实际上，集装箱运输是一个很典型的创新应用案例。20 世纪 50 年代，人们普遍认为远洋货运即将成为历史，主要是因为海上运输成本急剧上升，同时还面临航空货运的激烈竞争。就是在这种情况下，集装箱应运而生——它解决了装船与装货分离的问题，从而使得远洋货运的效率大幅度提高，时至今日，远洋运输依然是远距离货物运送的重要渠道。

青霉素作为第一种抗生素，它的发现是人类医药史上最重大的发现之一。1928 年，英国伦敦圣玛丽医院的细菌学家弗来明发现了青霉素，但是，他很快就不看好青霉素作为药物的用途了，因为青霉素很难成批生产，更难被纯化，口服不能被人体吸收，注射的话，还来不及在体内发挥抗菌作用就从尿液排泄出去了，于是此事就到此为止了。1938 年，犹太人恩斯特·钱恩逃离纳粹德国到了英国，在弗洛里实验室工作，其课题是研究天然抗菌物质。他读到了弗莱明 1929 年的论文，立即发生了兴趣。恩斯特·钱恩组织了一支强大的研发队伍，生产出更多、更稳定的青霉素，开始了人体试验，并在美国进行大规模的生产。到 1943 年，青霉素正式用于临床时，离弗来明发现它已经过去了整整 15 年。那时候也正是第二次世界大战时期，青霉素的应用挽救了成千上万人的生命。

诺基亚是智能手机市场的先锋军。2002 年，诺基亚发布了运行 Symbian 60 系列平台的智能手机。接下来的五年时间里，使用 Symbian 系统的智能手机轻松占据智能手机领域的领军位置。然而到了2007年，苹果公司发布了iPhone手机，带着全触屏界面以及基于应用的操作系统，就此改写了智能手机的定义。与此同时，诺基亚忽视了用户随之而改变的消费需求。随着iOS和Android系统的相继出现，Symbian系统越来越无法跟上时代的步伐，而智能手机市场也日益成熟——越来越多的手机用户想要追求更好的智能手机体验，厌倦了无聊的WAP浏览器。

三星的反应却迥然不同。在这一趋势下，三星迅速地进军智能手机市场，它的优势并不在智能手机领域，在这个领域，它是从头开始的。三星不仅反应迅速，而且还试验了多种智能手机操作平台，包括Android和Windows Phone，甚至还开发了自己的Bada操作系统，最终，Android完美胜出。与之相对比，由于已经有了成功的智能手机系统，所以诺基亚不想放弃，最终招致惨败。

数字技术终结胶卷柯达。自2011年起，在1975年发明了世界第一台数码相机的伊士曼柯达公司多次传出破产消息。虽然从1998年就开始深感传统胶卷业务萎缩之痛，但柯达的决策者们由于担心胶卷销量受到影响，一直未敢大力发展数字业务。造成柯达危机的最主要原因是反应迟钝。柯达过去当老大靠的就是胶片，与别人合作也是靠这个金刚钻，人家还会沾它的光。可现在的数字时代，没有核心技术，企业的经营就会随时处于危险的状态，过去的一切都会在瞬间贬值。柯达长期依赖相对落后的传统胶片部门，而面对数字科技给予传统影像部门的冲击，管理层作风偏于保守，满足于传统胶片产品的市场份额和垄断地位，缺乏对市场的前瞻性分析，没有及时调整公司经营战略重心和部门结构，决策犹豫不决，错失良机。柯达的没落，不仅由于其技术创新的滞后，更是其对消费体验忽视的必然结果。在这个变化日新月异的时代，唯有“创新”是不变的真理。这种创新，不但基于技术和管理层面，更基于商业模式乃至消费体验层面。而对于老牌企业而言，要么在固执和傲慢中死去，要么在持续创新中重新焕发生机。

海尔集团是中国到目前为止发展速度最快、发展质量最高、发展规模最大的家电企业。海尔之所以能取得这样的成果，关键是靠自主创新，并且是独到的、差异化的、快速的创新。海尔价值观的核心就是两个字——创新，可以说这一价值观已经成为海尔的灵魂，也成为海尔进军国际市场的不竭动力。“创新，首先要有方向。在海尔，我认为创新的第一要求就是和市场结合。”张瑞敏如是说。海尔坚持“市场设计产品”的观念。这与“为市场设计产品”不同。“市场设计产品”的主语是市场，主体是消费者，所以市场设计产品更加贴近市场、贴近消费者；“为市场设计产品”的主体是科研人员，市场往往是被动地接受。

第二节　企业家精神

1. 企业家

企业家 entrepreneur 一词是从法语中借来的，其原意是指“冒险事业的经营者或组织者”。在现代企业中，企业家大体分为两类：一类是企业所有者企业家，作为所有者，他们仍从事企业的经营管理工作；另一类是受雇于所有者的职业企业家。在更多的情况下，企业家只指第一种类型，而把第二种类型称作职业经理人。

美国经济学家熊彼特认为，企业家是不断在经济结构内部进行“革命突变”，对旧的生产方式进行“创造性破坏”，实现生产要素重新组合的人。

美国经济学家德鲁克也认为，企业家是革新者，是勇于承担风险、有目的地寻找革新源泉、善于捕捉变化并把变化作为可供开发利用机会的人。

以上表述也可看出企业家的一些本质特征：冒险家，创新者。

2. 企业家精神

“企业家精神”是由英文 entrepreneurship 一词翻译而来的。就像其他英文词汇的翻译，“企业家精神”一词的意义显得有点模糊不清，甚至可以说有点扭曲失义。国内的许多译法将其译成“创业精神”，但实际上，企业家精神的内涵远远大于创业精神。

在现代市场经济条件下，企业家的创新精神至少包括如下几个方面：

一是不断追求产品创新的精神。这种创新精神的要点在于，不仅能够创造一个好的品牌，而且能够通过不断追求产品质量的改进与提高，来维护、发展和完善这个品牌，并通过这种创新来获取最大限度的长期收益。

二是不断追求技术创新的精神。技术是企业生存与发展的主动脉。作为一个企业家，必须具有不断追求技术创新的精神。这里说的新技术，既包括高新技术的创新，也包括小的革新与发明。善于发现新的技术和发明，勇于引入新的技术和工艺，不断创造新的生产方式和方法，以此来推动企业技术的不断升级和生产方式的不断发展，是企业家的一个重要使命。

三是不断开拓和创新市场的精神。这种创新精神的要点是，能够根据市场经济发展的实际，对市场结构、市场分布进行分析与比较，并通过分析与比较，发现和开拓新的市场，占领市场发展的制高点，提高企业的生产经营效率与收益。

四是敢于和善于进行组织和制度创新的精神。不仅要善于学习和模仿别人的成功经验与做法，而且要敢于和善于突破与超越别人的成功经验与做法，同时还要敢于和善于在总结和综合前人经验的基础上，进行组织与机制的再创新，实现企业组织和制度的新突破，以提高企业的发展力和竞争力。①

第三节　企业创新的机遇来源

德鲁克认为有目的及有系统的创新，从分析各种机会开始。他进一步把机会细分为“七种创新机会的来源”。德鲁克总结的这七种机遇来源主要有：

① 资料来自百度百科。

一、意外的成功及失败

意外的成功是最好的创新。要开发它只需分析这种现象，因为意外的成功是一个征兆。举例说，有一条产品线的表现远远胜过其他产品，出乎管理层的意料，又或者竞争者在某个市场里面得到意外的成功。在这种情况下，管理层一定要找出它们成功的理由，然后考虑如果要开发这个机会会对企业带来什么影响。

这种机会把企业带进什么境界？管理层如果要把它变成自己的机会要做什么工作？怎样去做？举例说，在北京及中国其他地方，除了一些正常的机会外，2008 年奥运会是否为中国企业带来制造及销售 100 万件 T 恤的机会？

意外的失败也能引出其他机会。举例说，福特汽车公司在 1957 年研制成一款 EDSEL 汽车。EDSEL 是基于对大量顾客进行研究、找出他们对汽车外观及设计的偏好而设计出来的。但 EDSEL 一推向市场就失败了，几乎没有人选购这款汽车。福特的管理层没有责怪消费者的选择“不理智”。他们认为错出在汽车业对消费者行为的一些一般假设上。重新研究市场后，福特发现了一个新的消费者“生活方式”市场，然后迅速地生产出一款设计超卓的雷鸟汽车。后来，雷鸟成了美国汽车业有史以来最成功的型号之一。

二、不协调现象

不协调是一种差距，一种不一致现象。这种差距如果存在于现实跟人们假设应发生的情况之中，那么，无论是好的或是坏的差距，都是一种变动征兆。它意味着改变已经发生，或可以主动造就改变的发生。

德鲁克先生把它归纳成下列各种不调和现象：

1. 经济成果与产业的不协调

如果市场对某种货物或服务的需求正在稳定增长，该产业的经济成效理应随之稳定增长。在市场大势推动下，这个产业内的企业应该很容易出现盈利。如果这种企业缺乏盈利，那就会出现经济成果不调和的情况。这种情况往往出现在整个产业之内，这也为一个小而高度聚集的新企业、新制造过程或新的服务带来一个创新的大好机会。促使一个不调和现象出现的创新者可以预期在一段较长时间内不会有大量竞争者出现。固有的从业者需要一段时间才发觉他们正面对一位新而危险的竞争者。

当一个产业的管理层对产业的实际情况发生误解，然后做出错误的假设，企业的努力就会被引导往错的方向。它们把资源放在不会产生结果的地方，把真正的机会忽略了，让创新者有机可乘。

例子之一就是20世纪50年代时被认为正在迅速没落的航运业。当时业内一般假设是一艘船最大开支存在于船从A点到B点的旅途中。航运业当时尽很大努力制造更快、更有效率、需要更少船员的货轮。但有一位创新者认为这种假设是错的，实际上航运最大的成本发生在船泊在港内等待装卸货物的时候。这个发现带来了货柜及货柜轮船的产生，整体成本由此减低了60%。自此航运业迅速增长。

2. 产业认知的价值与顾客认知的价值的不协调

在所有不协调的情况中，这种是最普遍的。生产或供货商一般都不能正确认知顾客买的是什么。他们假设生产商的价值等同于顾客的价值，但其实顾客的价值及期望往往与生产商有很大的差别，顾客通常认为自己购买的与生产商认为自己销售的不一样。

在这种情况下，生产商可能认为顾客的行为“不理智”，但这中间其实存在创新的机会，能创新及高度聚焦的创新者便能掌握这些潜在的机会。

3. 流程内韵律和逻辑上的不协调

这是在一项流程内不协调之处，尤其是消费者使用产品时的不协调。例子之一是Scott肥料喷撒器的发明，这种机器能帮助消费者把肥料均匀地散发在草地上。

三、基于流程需要的创新

这种创新源于寻找一个现存流程内较弱或缺少的一环。如果消费者一般认为有需要或觉得有“较好的方法”，这种创新将被用户乐意接受。

图 2-1　早期接线员工作状态①

1909 年左右，贝尔电话系统公司的一名统计人员画了“未来 15 年人口增长曲线和一条电话中心接线员人数增长的曲线”，发现一个问题：到 1925 年以后，美国每一位 17~60 岁的妇女都必须从事电话接线工作才能满足需要。在这个问题的驱使下，1911 年，贝尔公司研制了自动交换机。

四、产业或市场结构的改变

这种改变一般来自顾客偏好、口味的改变或新的价值观。另外，个别产业的迅速增长也是产业结构改变的可靠指针。日本汽车制造业依靠小型及低耗油量汽车打入美国市场，从而把握住当时燃油价格大幅度增加的机会，从消费者喜好的改变趋势中增加汽车销量。

1960 年，有三家小公司勉强维持收支平衡，面对产业机会分别制定了创新策略：

① 图片来源于网络。

- 沃尔沃定位：专业人士用车，体现其“良好判断力”。
- 宝马定位：面向“年轻的顾客”销售，希望展现“不同品位”。
- 保时捷：定位为跑车，希望从汽车驾驶上获得刺激的人。

五、人口的改变

德鲁克先生认为人口的改变（年龄、教育、可支配收入、地域上的转变等）是预测未来最可靠的指针之一，也为创新带来机会。举例说，中国的人口老化、大量只有一个孩子的家庭以及上升的可支配收入可为创新带来一些什么机会?

- 任何产品和服务的最终消费者。
- 年龄、教育程度、习惯、分布等。
- 哪些产业特别受人口变化影响。

六、理解及意义的改变

上面提到的意外成功及失败的背后，藏匿着人们在理解及意义上的改变。福特汽车公司雷鸟型汽车的成功及Edsel汽车的失败被归结于“人们理解上”的改变。当时，汽车市场一般以顾客收入进行分割，但在顾客选购汽车时，顾客们却以“生活方式”来决定自己选购的汽车。在这种情况下，寻找创新机会须把握时机并做出准确判断。例如，创新者需要判断类似这样的问题：人们的理解是否真正发生变化，还是只是一种短期的潮流?中国的消费者是否正经历理解及意义方面的改变?（答案：是的。）

七、新知识（科学及非科学的）

新知识虽可成为创新机会的来源，却需要最长的时间。新的知识要转变成科技需要很长的时间，然后还需要一段时间才能发展成产品，推向市场。知识型创新的另一个特点是它们差不多永远不会基于一个单一的因素而产生，很多时候它们的出现是集中了几种不同的知识而成。

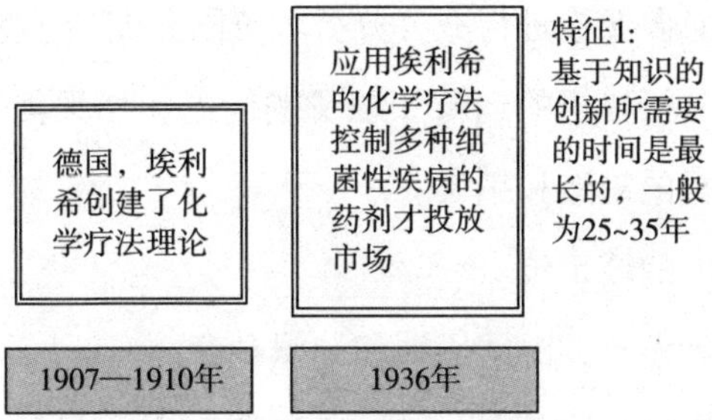

图 2－2　化学疗法的产品周期

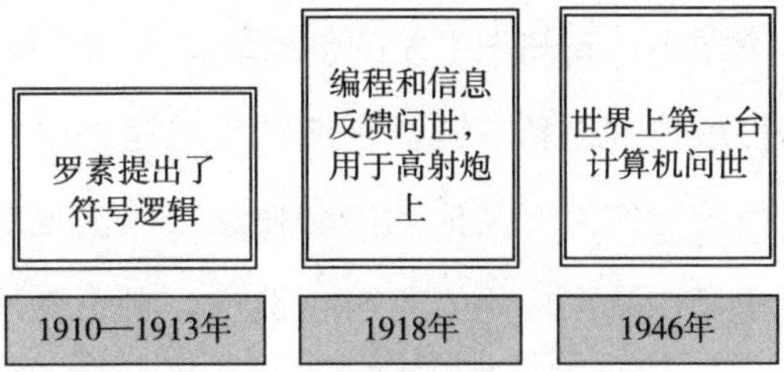

图 2－3　符号逻辑的应用周期

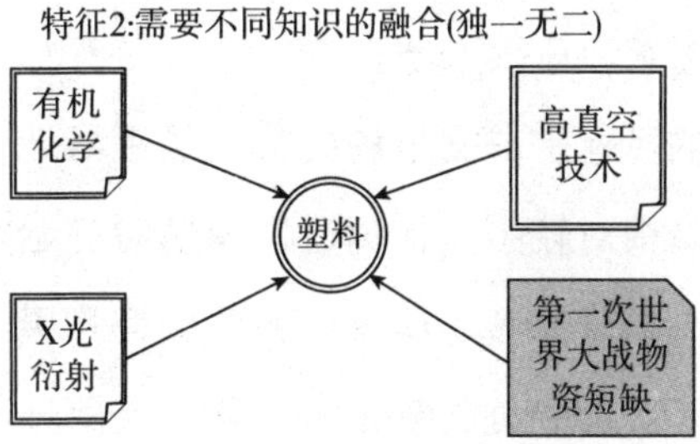

图 2－4　塑料产品的融合要素

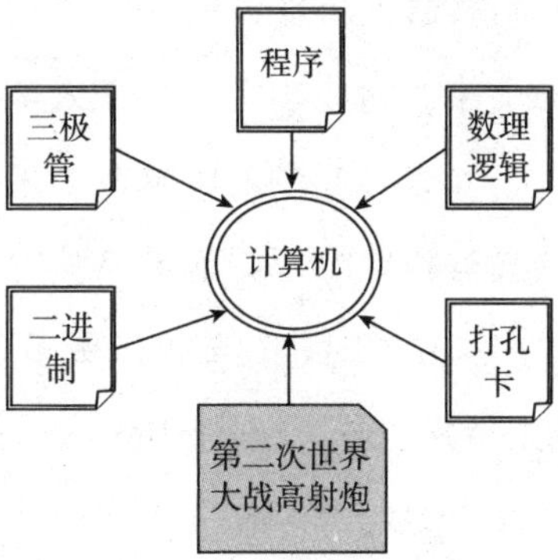

图 2－5　计算机的融合要素

- 要求对所有必要要素进行充分分析。英国人制造了第一架喷气式客机，哈维兰德公司没有分析飞机的运行和融资的问题，结果美国的波音和麦道公司接手了喷气式飞机的制造和销售。
- 要求有清晰的战略定位。
- 独特的风险。漫长的时间周期和知识融合。
- “窗口”淘汰期。新知识打开的“窗口”一旦关闭，将进入技术淘汰期。
- 知识必须是“成熟的”和“可接受的”。
- 在所有创新来源中，新知识引发的创新取得成功是最困难的。

还有一种创造性模仿的创新方式。创造性模仿是由哈佛商学院的李维特最早提出的，德鲁克把它作为一类成功的企业家战略。模仿本来不是创造性的，创造性模仿是指模仿品在应用上具有创造性。创造性模仿者没有创新一种产品或一项服务，它只不过完善了这种产品或服务，并给它重新定位。比如，突出产品特性以适应稍有不同的市场。这样，在短时间内，这个新事物就会真正满足顾客的需求，占领市场。

创造性模仿战略的目标是占据市场或行业的领导地位，或者控制市场或行业。它的优点是风险相对较小。在创造性模仿者开始行动时，市场已经形成，需求已经产生。市场研究可以调查出哪些顾客购买、如何购买以及可以为他们带来哪些价值等。第一个创新者所面临的大部分不确定因素已经消失或至少可以分析和研究出。但它要求模仿者具备对市场的敏感和灵活性。

创造性模仿并不是利用普通人所理解的先驱者的失败。相反，先驱者必须成功。IBM 公司就是一个伟大的成功例子。个人电脑原本是 Apple 公司的构想，当时 IBM 并不看好。可是，当个人电脑成功来临时，IBM 的创造性模仿，使其在个人电脑领域具备领导能力。苹果电脑的生产商只注重产品，不重视客户，当用户需要程序和软件时，它却推出更多硬件。从技术特性上看，IBM 的 PC 机与苹果电脑无特别差异，但是 IBM 从一开始就为客户提供程序和软件，而苹果仍然是通过专卖店以传统方式分销计算机。创造性模仿从市场而不是从产品着手，从顾客而不是从生产者着手。它既是以市场为中心，又是受市场驱动的。

创造性模仿在高科技领域的作用最有效，原因很简单：高科技创新者很少以市场为中心，大多数时候以技术和产品为中心，因此他们很容易误解自己的成功，不能利用和满足他们所创造的需求。

第四节　企业创新的实施

一、创新型管理

创新型管理是把创新体现在管理过程中，要求整个组织和成员都是创新型的。创新型企业是指拥有自主知识产权的核心技术、知名品牌，具有良好的创新管理和文化，整体技术水平在同行业居于先进地位，在市场竞争中具有优势和持续发展能力的企业。当今的趋势是由单项创新到综合创新（全方位创新），个人创新转向群体创新。

- 企业必须接受创新，视改变为机会。
- 企业必须有系统的衡量尺度、系统的学习能力。
- 以市场为重心。
- 前瞻性的财务计划，特别是资金需求规划。
- 必须清晰设定自己的角色、工作范围及其关系。
- 建立一支最高管理团队。
- 企业必须明确制定出组织结构、任用与管理、奖励与考核等实施办法。
- 制定出若干不该做的事情，划定禁区。

二、创新的内容

产品创新就是研究开发和生产出更好地满足顾客需要的产品，使其性能更好，外观更美，使用更便捷、更安全，总费用更低，更符合环境保护的要求。因为产品是满足社会需要、参与竞争、直接体现企业价值的东西，这是企业创新的主要任务。产品创新可在三个层面上实现：

（1）开发出具有新功能的产品。例如，三九集团开发出999健康煲，用于家庭煎药，有文火、武火、文武火三档选择，有药液循环系统、回流系统、蒸汽回流系统、时限报警、水位报警等功能，保证药效稳定，操作安全方便，受到市场欢迎。

（2）产品结构方面的改进。例如，使产品变得更为轻、巧、小、薄，携带和使用更为方便，节省材料、降低能耗。电子记事本、摄像机、手提电脑、超薄洗衣机等就是典型的例子。

（3）外观方面的改进。例如，服装款式及色彩的改变都可以使顾客需求得到新的满足，从而增加销售收入；苹果电脑一度依靠推出彩壳流线型PC机显著提高了市场占有率。

三、创新的种类

创新的种类包括技术创新、制度创新、职能创新、结构创新、环境创新等。

1. 技术创新

是指采用新的生产方法或新的原料生产产品，以达到保证质量、降低成本、保护环境或使生产过程更加安全和省力。技术创新可在四个层面上实现：

一是工艺路线的革新。这是生产方式思路的改变。例如，用精密铸造、精密锻造、粉末冶金代替金属切削，生产复杂的机械零件，可大大缩短生产周期，降低成本。

二是材料替代和重组。例如，前几年，美国农产品过剩，农场主负债累累，政府补贴农业的财政负担沉重。堪萨斯、卡罗来纳等农业州的农民与大学合作，从环保角度出发，以农产品做原料生产工业产品，比如用玉米生产一次性水杯、餐具和包装盒，从玉米中提取燃烧用的乙醇，从大豆中提取润滑油替代石油产品等，受到市场欢迎，政府决定给予减税和强制推行等支持。

三是工艺装备的革新。例如，用电脑绣花机代替手工绣花，用数控机床代替手动操作机床，等等。

四是操作方法的革新。用更省力、更高效的操作方法，代替一些传统的、不适应现代技术进步的操作方法。

2. 制度创新

是从社会经济角度来分析企业系统中各成员间的正式关系的调整和变革。制度是组织运行方式的原则规定。企业制度主要包括产权制度、经营制度和管理制度等三个方面的内容。产权制度、经营制度、管理制度这三者之间的关系是错综复杂的（实践中相邻的两种制度之间的划分甚至很难界定）。一般来说，一定的产权制度决定了相应的经营制度。但是，在产权制度不变的情况下，企业具体的经营方式可以不断进行调整；同样，在经营制度不变时，具体的管理规则和方法也可以不断改进。而管理制度的改进发展到一定程度，则会要求经营制度做相应的调整；经营制度的不断调整，则必然会引起产权制度的革命。因此，反过来，管理制度的变化会反作用于经营制度；经营制度的变化会反作用于产权制度。

3. 职能创新

就是在计划、组织、控制、协调等管理职能方面采用新的更有效的方法和手段。我国企业技术落后，管理更落后，因此职能创新任务紧迫。

一是计划的创新。许多企业在计划工作中运用运筹学取得显著成效，例如：华北油田电厂从 1997 年开始在购电、电网运行和用电方面采用目标规划，使油田用电费用年节约额达 2000 万元以上。

二是控制方式的创新。例如：丰田公司首创准时生产制（JIT），显著降低了成本；潍坊亚星化工集团采用购销比价管理，加强购销环节监控，5 年增收节支 7092 万元。

三是用人方面的创新。例如：应用测评法招聘选拔和考核干部员工，采用拓展训练等方法改善培训效果等。

四是激励方式的创新。例如：美国企业实行“自助餐式”的奖励制度，使同样的支出能够获得更好的激励效果。

五是协调方式的创新。1999 年，福建南平市政府试行科技特派员制度，他们通过调查了解村镇和农业大户需要哪些技术支持，同时将全市 3500 名农业科学技术人员按专长分类公布，然后将两者对接起来，实行双向选择，结果农户收入和农业科技部门、农业技术人员的收入都大幅度增加。

4. 结构创新

是指设计和应用新的更有效率的组织结构。结构创新按其影响系统的范围可分为技术结构的创新和经济与社会结构的创新两类。

一是技术结构的创新。例如，福特在 20 世纪 20 年代首创流水线生产方式，让工人依次完成简单工序，大大提高了生产率，从而拉开大规模生产标准产品的工业经济时代的帷幕。

二是经济与社会结构的创新。通过调整人们的责、权、利关系以提高组织效能。例如，美国通用汽车公司在 20 世纪 20 年代采用事业部制，解决了统一领导与分散经营的矛盾，使规模经营与适应市场的要求得到了统一，极大地增强了竞争力。

5. 环境创新

环境是企业经营的土壤，同时也制约着企业的经营。环境创新不是指企业为适应外界变化而调整内部结构或活动，而是指通过企业积极的创新活动去改造环境，去引导环境朝着有利于企业经营的方向变化。例如：通过企业的公关活动影响社区政府政策的制定，通过企业的技术创新影响社会技术进步的方向，等等。

就企业来说，环境创新的主要内容是市场创新。市场创新主要是指通过企业的活动去引导消费、创造需求。新产品的开发往往被认为是企业创造市场需求的主要途径。其实，市场创新的更多内容是通过企业的营销活动来进行的，即在产品的材料、结构、性能不变的前提下，或通过市场的地理转移，或改进交易和支付方式以及通过揭示产品新的物理使用价值来寻找新用户，也可以通过广告宣传等促销工作来赋予产品一定的心理使用价值，影响人们对某种消费行为的社会评价，从而诱发和强化消费者的购买动机，增加产品的销售量。

第五节　企业的经营管理

企业的经营管理所谈甚多，在这里我们试图从相对简洁、结构化的角度给企业的经营管理者一些容易理解和操作的建议、方法。

一、企业的五条生命线

用生命线的方式来阐述，希望能够引起足够的重视，并在运营管理工程中保持念念不忘。

1. 成本控制

成本控制的方法我们这里不谈了，企业家好恶不同，成本投入与控制的风格也会不同。我们希望指出的是，控制好成本就等同于创造了利润。

假定一个企业的经营纯利润为 10%，这是不错的纯利润了，对于大多数初创企业而言，在早期的两三年内，还不一定有净利润。如果该企业通过成本控制，在某一个事项或者某个年度少支出 1 万元，其情形反映在销售额方面的压力，会同比减少 10 万元。换句话，少支出 1 万元，对于这样的一个企业，就形同多销售了 10 万元。特别是在创业企业的初期，节省 1 万元是容易做到的，而取得哪怕 10 万元的销售则是困难的。

控制好成本是做企业的第一项基本功。

2. 利润提升

企业的存在需要不断创造利润来支撑可持续发展，创造利润有两个基本原理，一个是垄断，另一个是低成本。其中，在低成本原理里面，还有一个措施就是规模效益。

没有利润，企业必然灭亡。

企业生产经营的目的是赚钱，没有利润，企业也可以融资发展，但前提是需要展现出能够赚钱的美好前景，这样，在尚无利润的时候，投资人才愿意进行投资。此处的关键在于，企业没有利润与企业没有市场是两回事。有市场，企业就应该有收入，有收入企业就有机会创造利润，此时企业相对比较有机会发展起来。

当然，现在融资并不容易。所以，对于企业而言，想办法尽快获得利润，再通过利润维持发展，是稳重踏实的做法。

3. 风险防控

经营企业其实就是经营风险。不论是上文提到的成本控制、利润提升，还是下文将要介绍的创新发展、趋势制胜，这几个方面都涉及风险问题，也考验企业家风险识别、机遇识别、风险防控的能力和意识。

我们希望从哲学的角度给出一个朴素的认知，即无论企业家做出何种选择，其背后一定是存在风险的。

对于这个认知最好的证明就是，从经济学和市场原则来看，没有风险就没有收益，风险越大潜在的收益也越大，这样才有商机、机遇，才值得投入。

还有一句话可以作为对风险厌恶或喜好的建议，即“做难事，必有收获”。因为有风险，事情可能很难，而只有去做这样的事情才是有益的。

所以，作为企业家应该勇于面对风险，实际上企业家精神的核心就是冒险精神和创新精神。

4. 创新发展

企业创新不能仅仅理解为科技创新，德鲁克总结了所有可能导致企业发生创新改变的七个因素，在这些因素里面，通过科技创新实现企业创新发展是最困难的。

但是，在当前社会、经济、市场、技术发展的新形势下，的确又不能不重视科技创新的巨大作用和潜力。

实际上，企业之所以能够发展，其背后的原因有一条，就是该企业能够超过行业平均水平的劳动生产率并创造更高的商品利润，而提高劳动生产率最有效的途径和方法就是实施科技创新驱动。

创新，在任何时候都是企业的灵魂。企业不创新，就不会持续发展和运营下去。

创新虽然如此重要，但是实施创新并不是一件简单的事情。它很多时候很像是在给企业做手术，有时是给企业做伤筋动骨的大手术。这种情况下，手术是否成功，要冒很大的风险。即便如此，也要勇于创新，在不创新就没有出路的情况下，再大的痛苦企业也需要承受。

5. 趋势制胜

趋势是企业家运营管理企业过程中最忠诚的盟友。

在企业经营管理过程中，特别是在战略战术选择和决定的关键时刻，要能够想到对标趋势。企业家需要有能力把握趋势、乘势而上，从而在趋势的引领下，取得胜利。

趋势一旦形成，就无法改变。

所以，企业不能够逆趋势而动，也不能够无视趋势的形成。

伟大的企业都是时代背景下的企业，都是能够在每一次发生革命性变化的时候敏锐感知并及时跟上趋势发展的企业。反之，很多不能够及时感知、把握和跟上趋势发展的企业最终都会落败。

二、重构企业的五个分系统

重构企业的部门和组织为五个分系统的目的是希望将系统论引入企业内

部的建设和管理中，而不仅仅把企业本身看作一个系统。传统企业的组织机构设置、部门设置、岗位设置往往存在边界不清、责任不清和协调性不够的问题和缺陷。通过系统论的方法重构企业为五个分系统后，对分系统间的接口和界面进行清晰定义，然后进一步对每个分系统内的功能需求设定组织机构和部门，甚至进一步重构、不再称呼部门或者机构，都是有可能的。

1. 企业的决策系统（领导决策）

确定企业的基本价值观，领导构建良好的企业文化，对企业各个分系统进行综合协调和管理，通过资源调配和政策制定，确保企业内各个系统良好的协作。亨利·明茨伯格（Henry Minzberg）强调经理工作对组织的巨大作用，指出经理在工作中担任的十种角色，并在此基础上将经理划分成了八种类型，这些都是企业决策系统中的重要角色和决策流程的重要参与者。他们应依据自己的工作特点，准确定位自己的类型，发挥对组织决策的相应作用。

2. 企业的执行系统（管理服务）

以企业决策系统的输出为依据，承担督查、督办、考核、反馈的职责，确保决策的执行到位。考虑到克里斯坦森指出的“良好的管理是导致这些企业衰败的原因”这一论断，在企业执行系统中，还要综合考核和评价是否存在一个执行实施“突破性创新”的职能部门。这一结论出人意料，但却非常合理。这些企业被顾客的意志所左右，勇于投资新技术，用这些技术为顾客提供更多他们想要的更好的产品；它们认真研究市场的趋势，系统地将资本投向那些可以保证最佳回报的创新上面。在这样的原则下，积极投资于突破性创新不是这些企业的理智的财务决策。克里斯坦森提出了一套突破性创新原则，主要内容是：创建一个围绕突破性技术的新的独立事业部门，不受主流客户的左右，而把自己融入那些需要突破性技术的产品的客户中去。

3. 企业的生产系统（加工研制）

在企业各类资源的支持和保障下，以生产产品或服务为使命，体现企业的劳动生产率。1993 年，迈克尔·汉默（Michael Hammer）与詹姆斯·钱皮

(James Champy) 提出企业业务流程重组 (Business Process Reengineering，简称 BPR)，相对“劳动分工原理”和“制度化管理理论”等传统管理思想，BPR 强调企业内充分发展与合作。生产系统完全受制于决策系统和执行系统，被动地接受资源的配置，自身主动权是最小的。

4. 企业的营销系统（市场开拓）

以企业的产品和服务销售为目标，以市场为载体，实现企业生产价值和货币价值的转化。彼得斯 (Tom Peters) 认为：由于全新销售时代的到来，传统的销售战略强调更多的是“我们的产品与竞争对手不同”，而未来销售时代将是与顾客合作的时代。要合作，就要和顾客站在一起，为了顾客的利益销售，达成统一的目标、统一的战略，共同分享回报。

5. 企业的免疫系统（防范和自愈）

对于企业自身发展过程中出现的或潜在的问题及风险不断做出响应，体现企业经营发展过程中的抵抗力。将企业当作有生命的物体是贯彻全局的研究指导思路，有些方面的确很像。企业有生有死，有老有病，也有进化和完善，一个企业处于生命周期中，只有能够防范问题或者能够正确解决出现的问题才能保证长寿。对于任何一个企业而言，活着是最基本的目标。企业是否处于“亚健康”状态、是否疾病缠身，这种自身完善和抵御风险的能力，都统一归结到企业免疫系统的功能和责任方面。

三、管理四个指标项

企业管理可以说千头万绪，在纷纭的管理事务中，有哪些非常重要的事情是需要企业家时刻关注、不断强化、管理到位呢?

我们总结提炼了四个管理指标项。

1. 价值管理

企业家对于企业的第一责任、首要责任是管理企业价值，对于上市公司而言就是市值管理，因为这是对股东负责、赚取回报的决定性因素。

价值管理在时间序列上能够贯穿企业的现在和未来，在任务序列上能够协调企业所有部门，在资源整合上能够覆盖和寻求所有可以利用的资源，在资本运作上能够不断提升企业的市场货币价格。

价值管理如此重要，并且不轻易进行改动和创新，所以在这里的每一次先机或忽略，对企业的发展都是性命攸关的。

总体上，价值管理可以狭义地理解为企业的战略规划、战略执行和执行的反馈，这即是企业管理的中观层面。

2. 能力管理

我们把企业的能力定义为企业在 1 ~ 2 年内创造价值的总函数。狭义上体现企业的生产能力、创造利润能力，广义上体现企业一切围绕运营管理所展现的各种能力的综合指数。概括一句话，打铁需要自身硬。

传统的企业运营管理颇有盲人摸象的感觉，也就是仁者见仁智者见智，每个人都可以对企业的管理提出自己的分析判断。

引入企业的能力管理，并对能力进行结构化指标项设计，在有可能的情况下开发软件系统进行智能分析，能够将非结构化的数据、非结构化的管理按照系统论的方法整合成一项能力指标函数。

企业到底有多大能力?

可以跟自己的历史比，可以跟同行业的其他企业比，也可以根据市场需求做出能力建设的预先动作。这既结合了定量管理又结合了定性管理的方式，希望比较好地融合西方企业管理学和中国东方管理学的特点和优势。我们希望提出并探讨“根植于中国传统文化的管理理论和方法”。

3. 潜力管理

在传统的企业管理中，以潜力的视角和指标来管理企业、改善企业的提法还是比较少的。

我们对于企业潜力的定义是企业在未来 3 ~ 5 年可能创造价值的总函数。

了解企业的潜力如何，是试图回答在未来一段时间内，企业的优势方向、劣势问题、行业发展、竞争力提升等问题。

总体上，我们给出的分析结论是，企业潜力决定了企业的能力，即所谓“原积薄发”。这也应了一句老话，凡事预则立。对企业运营管理而言，究竟怎么预，我们提出“一切围绕企业的潜力做文章”。

企业具备潜力，需要投入，而投入能否转化为能力也即生产力，存在一定的不确定性。所以，对于企业潜力的管理是十分具有挑战性的。

按照企业分系统及企业五条生命线的概念，企业的潜力总函数也可以抽象总结若干评价指标，并有可能系统化数据化，从而实现更为客观科学的运营管理决策依据。

4. 环境适应

适者生存，这对于企业而言同样适用，即所谓“时使物然”。

适应环境，是企业运营管理比较容易忽略的一个维度。环境的变化是缓慢发生的，当然在科学技术等取得突破性进展的时候也会表现为突然发生变化。在这种情况下，对企业所处的环境如何、如何做好应对做出一些判断和决策是十分重要的。

在同样的环境下，相同行业的企业表现并不相同，其中蕴含着这些不同企业对环境的认知和响应，也可以发现这些不同企业对趋势的不同认知和把握。

在不同的环境下，相同的企业表现更会有很多不同，这是因为只有适应了不同环境的企业才是最后存活下来的企业。

很显然，在企业运营管理的重大决策和分析中，关于企业是否适应环境、企业所处环境是否发生变化的问题，讨论得很少。这导致很多企业无缘无故就不景气了，其中有一个原因就是该企业所处的环境发生了变化，而企业在其中还没有感觉。这如同温水煮青蛙，不知不觉就失去生机。这对应的是企业宏观管理的层面。

小结

企业运营管理非常复杂，但也不应该眉毛胡子一把抓、头疼医头脚疼医脚，更不能够拍脑袋决策，所以在可能的情况下，对信息的掌握和使用是十分关键的。所以希望采取系统论的观点和方法改进和完善。

而使用日常运营管理产生的大量信息并不容易。我们判断，在不知不觉中，企业会出现各种症状，如同人体生病一样。

在企业需要不断提高运营管理水平的诉求下，我们试图化繁为简，提出五条生命线、五个分系统、四个管理指标项，以相对简洁的管理理念和方法找到解决问题的总抓手、总入口，进而调动各种资源、发挥各方作用、协调各种行动，使得企业像一部装备好的机器一样自然运转。同时也希望这样的机器越来越自动化、智能化。

第六节　浅谈企业的道

企业是推动社会发展并创造价值的主要的经济组织。随着产业发展和结构调整，企业在社会经济发展过程中发挥着越来越重要的作用。一个国家或地区的竞争力中，有很大一部分是由该地区的企业竞争力来支撑的。这个部分总体而言主要包含经济生产、产品创新的能力，提供社会就业岗位的能力。

所以，企业“生老病死”的规律是什么？如何诊治或调控企业的“生老病死”？这些是值得研究的大问题。若以这些问题为引领，所谓的企业转型升级、技术创新、经营管理、现代化治理等，都是可以找到一个顶层的指引——企业“生老病死”的规律和调控。

企业“生老病死”的问题应该是比较复杂的，对这个问题的化繁为简和逐步深入，综合方方面面有关企业的原理学说，我们选择借用易经的基本哲学观来分析和透视其规律。将《易经》的基本原理应用到企业经营管理方面的交叉研究和学说也不少，而我们的希望和目标是能够将《易经》的基本哲学观映射和转化到企业经营管理中来，从而实现一次交叉之后的融合，融合的结果是产生一个新的方法或结论。我们暂且把这个关乎企业生老病死的学问概括为“企业的道”，或者在充分研究论证的情况下将其称为“企业学”，也就是类似生物学、地理学、历史学等。

在这里解释一下为何是选择《易经》的学问来分析企业生老病死的规律问题。一方面，这是一个偶然的发现。因为我既不是钻研《易经》的专家、学者或爱好者，也不是企业管理方面的学者或专家，最多算是一个爱好者；另一方面，我感觉到如果这个应用和融合能够发生并产生新的学问或创新，这恰恰说明《易经》的学问的强大。所以，使用《易经》的学问做指导来分析、来解释企业的“生老病死”是有道理的。也是探索“根植于中国传统文化的现代企业管理”的一种尝试。

找到问题的本源、原点、起点，是研究的基础，对于企业生老病死规律的研究或者探寻，我们希望找到其“0”点在哪里。

为什么要办企业？

回答这个问题，有太多的解释和理由，现实实践中也普遍存在，并被广泛地接受，就不再举例了。但是，从理论上如何回答这个问题呢？包括企业“为何而生”“为何能生”“为谁而生”，这些问题该如何回答呢？

企业不会凭空而“生”，所以应该有一个站得住脚的起点、原点，而这个点应该也适用于所有的企业，具有高度的概括性和指导性。因此，我们感觉借用《易经》中的“道生一”来分析和解释是一个好的思路和方法，企业的原点，即是企业的道。而且《易经》也应该能够解释好“企业的道”的问题。

找到企业“生”的道是办好企业的本源，也是办好企业的根本。比如经常说的企业的战略发展规划，其实就是反复在确定和描述办好企业的“道”的问题，既是道路，又是规律，也是方向。而实际上，企业在经营管理的过程中，对“术”的层面关注要多于对“道”的层面的关注，这个问题是不容忽视的。特别要重视“术”是千变万化的，不可长期使用。

所以，首先需要解释好、回答好企业的“道生一”问题，也就是常常说的如何实现“从0到1”；然后才有后续的其他问题，也即所谓的基业长青、健康可持续发展。

何谓企业的“道”?

有很多的论述表述隐含了这个命题，企业的使命是赚钱，办企业是为了利润，等等，这些也被广泛地认可。然而，这些是企业的“道”吗?

我们认为，企业的“道”在于设立并运营管理企业的全部规律、原则的总和以及运用这些规律、原则的方法论，这与道理、道路、道德等的内涵定位也是基本相通的。这就是办企业的原点，也即“0点”。所以，针对什么是办企业的全部规律、原则和方法论的研究是非常重要的，也是围绕企业开展的各种学科研究的奠基石。

这个“0点”、原点的描述越清晰，对于指导企业办好的作用就会越大。映射到实际的工作中，企业的商业模式、营销模式、产品价值、用户需求等，都应该包含在企业的“术”的层面，而不是“道”的层面，应该原则指引上不断改变和适应才行。

道生一，也称为一元。企业的“道”演变为“一”后，结论应该是什么呢?

我们是这样映射和应用的，即“企业价值”是一元，是企业的“道”所生的“企业的一”，又进一步得出，企业的全部使命在于“创造价值”。企业得到的回报是在创造了价值的基础上，社会的全部认可。这包括利润，也包括企业自身价值的实现。

我们定义了企业的“道”、给出了企业的道所生的“一”为“企业的价值”的分析结论，在此基础上继续思考的问题是“如何实现从0到1、实现道生一”呢?

最直接的想法还是从《易经》或其衍生的理论上去寻找答案。我们的参考答案：一是《易经》中表述的：“易有太极，是生两仪，两仪生四象，四象生八卦”；二是老子《道德经·第十二章》的一段话：“道生一、一生二、二生三、三生万物”。《易经》中的太极的意思是太初、太一，所谓天地未分之前元气混而为一。也就是“0”的状态，初始的状态。

那么“企业价值”这个“一”，所能够生出来的“二”又是什么呢？借鉴《易经》所说，什么是企业的两仪呢？

在企业的道的讨论范畴，我们给出的两仪也即企业的“阴阳”，对应的分别是“阳守成”、“阴创新”，也即企业的两仪分别是：阳仪——“守成”、阴仪——“创新”。

方向找到了，路径怎样设置呢？

实现企业的“从0到1”、道生一的路径是“企业价值链的构建与创造”，这也是我们工作实践中总结提炼的一个初步结论。依据该结论，完成了构成企业价值链的太极八卦模型图的绘制和初步的解释。这个留待另外的篇幅来解释和说明。

《易经》广泛用于哲学、医学、预测占卜等方面，并显示了强大的解释能力，那么《易经》用于解释企业会产生什么样的学问呢，是不是会产生企业的道或企业学呢？

所以，简单概括而论，办好企业有可能变成是沿着0－1－2－4－8的数字路径指引去寻找答案和方法了。考虑路径的完整性，中间还可能包括完善3－5－7等的数字概念和内涵了。如果是全部可计算的，那么采用二进制是否可以给出一套计算或转换模型呢（2^n计算结果的所有解释和运用）？我们的长远想法是，依据古老的《易经》重构企业的道、创建企业学。这个目标如此宏大或异想天开，以至于极不容易做到，也不是直接就能够找到全部理论体现和支撑的。但正因为没有，也就值得探讨和尝试。如果这个角度和方法是正确的，那还有无穷无尽的工作需要做。最终，即便不能趋近目标的终点，也希望能够为企业的运营管理特别是企业“生老病死”的研究和诊治，发挥抛砖引玉的作用。

第七节 企业价值链的构建与创造

创办企业的本质是什么?

德鲁克曾经说过，办企业的目的是赚钱。那么，企业如何实现赚钱乃至能够持续地赚钱、实现基业长青?

表面上看，企业赚钱是通过制造并销售获得市场认可的产品来实现的。但是，曾经很赚钱的企业为什么会突然倒闭或者赚不到钱了呢? 仅仅靠市场认可的产品就能够确保企业成功发展下去吗?

特别是，当前社会经济形势的发展已经不同于20世纪八九十年代，在形势发生深刻变化的今天，如何开办企业、如何管理企业、如何经营企业? 再去参照过去那些企业管理的学问或方法，已经显出很多的不适应了。

实质上，在经典的企业管理研究理论中也提到了一个词汇，现在看来更具有重要的和现实的指导意义了，那就是“企业家精神”。企业家精神的核心就是冒险和创造，为什么企业家需要不断地冒险和创造呢?

回答上面提出的问题，我们找到一个总钥匙，那就是企业价值的构建与创造。

当今，企业不再是一个老板雇佣一批员工的简单组织模式，也不再是老板经营、员工打工的模式，而是逐渐演变为“平台 + 合伙人”的现代企业经营管理模式。

在这种情况下，企业需要关注的核心是企业的价值，因为它集中体现企业合伙人的全部集体利益。只有企业有价值大家才会在一起干；只要企业不断创造价值，企业就会有发展。企业的价值不仅仅体现在企业的销售额、利润、市场、产品、固定资产等一系列的指标上，更体现在作为一个整体的市场估值上——如果企业的股权具有可交易的情况，体现良好的交易价格，就能综合集中地体现全体合伙人投资开办企业的收益水平。

现在谈企业的价值构建与创造，从总体战略上布局，着眼办好企业，是一个大趋势，也是一个必然的要求。

我们这里特别针对初创企业、中小微企业的企业价值的构建和创造，总体上给出一些供参考的认识和方法。

我们总结为：做势与做事相结合，构建企业价值链，打造企业竞争力，实现成功创业、成功发展。

关于做势与做事，我们给出一个计算表达式：

$$\frac{\text{做势}}{\text{做事}}=\text{事半功倍}$$

上面的表达式更像一个类比、一个描述。其表达的内涵是，对于初创企业、中小微企业而言，通常无暇顾及“做势”的问题，而成熟的大企业在这方面做得比较好，或者说通常都非常重视。

初创企业、中小微企业不注重“做势”，而只埋头“做事”，是不足以把企业办好的。每个企业家都希望能够做到事半功倍。从上面的表达式中可以看到，如果没有了分子上面的“做势”，全部的注意力仅仅在分母的“做事”上，是不能够实现事半功倍的效果的。而且，分母越大，能够实现的效率或撬动的杠杆作用就越弱小。

所以，企业价值的构建和创造重点应该是聚焦和试图解决好初创企业、中小微企业的“做势”问题，并以此为指导、为引领，更好地实现“做事”的成效和回报。

对于初创企业、中小微企业如何“做势”，高效发展以期实现事倍功半，我们提炼了一组企业价值链的要素和节点：

1. 价值引领（Value Research）：谋势

这个环节包括对趋势的研究与把握，对需求的研究与把握，对企业所处的市场环境、竞争环境的研究与把握，其目标和结果是试图比较准确地瞄准企业发展的方向，跟随趋势、引领趋势，实现趋势制胜。依据“趋势是企业家最忠诚的盟友”的指导思想，引领企业价值链的其他部分有机整体的构成和运转机制的设计。

2. 价值唤醒（Value Arousing）：气势

激发创业者的激情，点燃创造者的力量，树立强大的自信，在面对创业过程中的各种困难和质疑的时候，有足够的勇气面对而不退缩；同样，能够以全面系统的能力阐述企业的价值，能够以相对优秀的能力面对投资人、用户和其他商业伙伴；能够以不断燃烧的激情支撑追求梦想的艰难跋涉，能够对创业矢志不渝，具有坚持的品质和强大的抗压能力。

3. 价值发现（Value Discovery & Development）：定势

在坚定方向、激情澎湃、一往无前冲击创业成功的道路上，发现、开发属于自身企业的价值定位、趋势定位、产品定位等，进一步明确和固化办企业的价值体系、实现模式。设计和给出企业周边交易和合作伙伴间的价值转化关系、资源共享和共赢机制，真正将企业的发展置入所有利益相关方的价值体系中，在利他、共赢的基础上，确定企业自身的价值定位。

4. 价值挖掘（Value Mining）：模式

企业的各种设计、各种定位，最后都要用一个统一的、一致的、可操作的机制模式来统领、来实施，这个就是企业的商业模式，其回答的基本问题就是将企业所有利益相关方纳入一个可实现的、靠谱的、可操作的机制模式中来，特别强调的是可实现性、可验证性，而不是似是而非甚至是主观臆想。所以，这就需要以企业明确的商业模式来统领、来指引、来驱动。

5. 价值实现（Value Building）：方式

将员工、生产要素、其他各种资源及企业组织机构、规则规范、经营管理，还包括市场、营销、资金、资本等诸多要素，配置到商业模式，组织起来、运转起来，这就需要一个构建的过程，而这个构建的过程不同于传统企业管理的地方则在于其是以企业价值、价值链的总体指导为核心的，是服务企业全局的，而不是各自为政、部门孤立，甚至出现潜在的不适应、不协调。这个环节，就是构造企业价值的实现方法、载体、机制、规则。

6. 价值传播（Value Showing）：造势

这个设想和提法对于初创企业、中小微企业尤为重要。通常，这类企业是没有战略规划部门的，是较少投入企业精神文化建设的，更谈不上高水平的对外展示企业价值的意识和能力。在当前社会步入信息社会的变革中，价值传播暨造势，对于初创企业、中小微企业而言十分重要。从内涵来说，其是以形成的价值体系、价值链、实现手段为基础的；从外延来说，企业要能够正确、高效地向社会传达自己的价值观、价值目标、企业精神文化。这些对于任何一个企业都是十分重要的，只是对于初创企业、中小微企业而言，心有余而力不足。

7. 价值研究（Value Research）：蓄势

企业创新，企业价值链的构建和创造是以研究为基础的。在通常的创新中，在业务层面、技术层面乃至战略层面都有很多关注；而在价值链构建与创造的过程中，在企业价值链系统性构建的过程中，价值研究主要解决企业定位、模式定位等结论的决策依据，并发挥超前标注企业价值发展方向和潜力积淀的指导作用。

8. 价值营销（Value Marketing）：得势

在企业经营管理领域，关于营销的研究是十分深入和广泛的，我们常常会听到产品营销、市场营销等；在研究探讨构建企业价值链的过程中，我们提出了价值营销的概念。价值营销是以企业价值的整体性和全局性包装和梳理为营销战略目标，而不是仅仅在产品层面进行的市场营销。价值营销的内容包括企业文化、企业精神、企业使命等，当然也包括产品层面的营销，还包括对利益相关方在本企业价值链中关切的内容的回应和镶嵌等。

我们通过以上八点，试图从认知和方法的角度回答企业如何“做势”。需要特别强调的是，这一切都是以企业价值的构建和创造为基础的，不是想当然，更不是说大话、说胡话。

企业价值的构建与创造应该不限于本篇章提到的这些内容，本篇章提到的这些内容，也只是星河中的一点萤光。但我们真切地提示和提出，初创企业、中小微企业构建和创造自身企业的价值，以应对不断发展的社会和经济环境变革，参与到各行各业全力推进的创新驱动活动中，具有十分重要的指导性和建设性。

第八节　企业价值链构造的模型

在提出企业价值链的构建与创造、企业守成与创新的辩证关系的基础上，我们试图给出一个模型化的企业价值链表述方式，并绘制出“企业价值链太极八卦图模型”。

这个结果并不是在刻意的情况下实现的，而是在反复尝试的过程中，不经意间靠拢到太极八卦图的表达方式。从这个侧面也说明了太极八卦图在解释世间万物时的广泛适用性和强大能力。

太极，中国古代哲学用以说明世界本原的范畴，“太极”一词，出于《庄子》：“大道，在太极之上而不为高；在六极之下而不为深；先天地而不为久；长于上古而不为老。”太，即大；极，指尽头，极点。物极则变，变则化，所以变化之源是太极。太极是道家哲学概念。这一概念影响了儒学、道教等中华文化流派。

太极图以同圆内的圆心为界，画出相等的两个阴阳鱼表示万物相互关系。阴鱼用黑色，阳鱼用白色，这是白天与黑夜的表示法。阳鱼的头部有个阴眼，阴鱼的头部有个阳眼，表示万物都在相互转化，互相渗透，阴中有阳，阳中有阴，阴阳相合，相生相克，也符合哲学中矛盾对立统一的规律。以圆心为中心，可分为四份定为四象。四象为太阳、太阴、少阳、少阴。

太极八卦图中绘有八卦，而每卦当中却有三条线，并且每个卦中的断线、连线有着一种奇妙的规律，这是八卦的最基本单位“爻”。爻有阴、阳两类，阳爻表示阳光，阴爻表示月光。每卦有三爻，代表天、地、人三才。八卦代表八种基本物象：乾为天，坤为地，震为雷，巽为风，艮为山，兑为泽，坎为水，离为火。

太极八卦的内涵是如此丰富，以至于我们在实现太极八卦图应用到表达企业价值链的模型时，怀有十分的敬畏，因为担心被认为是拉虎皮作大旗、故弄玄虚。但我们也只是希望能够从神秘复杂的太极八卦图的哲学描述思想中借鉴零星，试图以此组成企业价值链构建与创造的基石。

我们得出这样的结论形式的过程是非常偶然的，是在反复尝试进行抽象描述的过程中，绘制出了与太极八卦图非常相似的表述模型，并进一步试图映射过来，用以赋予企业价值链太极八卦图模型的表达形式以及内容解释，期望在以企业价值为核心、开展企业经营管理思想的研究和实践等工作方面，能有所指导。

物物一太极，一花一草一世界；万物皆有阴阳，企业也不例外

从原始的描述万物的抽象定义，进一步映射到企业的太极、阴阳，并进行文字的转换表述，具有非常珍贵的研究、应用和发展的价值。

企业的一元：企业价值

一元之数，万物开泰。对应于企业，企业价值则为道、为元数、为根本、为太极。

企业的两仪：守成与创新

阳爻 守成 保持核心　　**阴爻 创新 刺激进步**

企业世界的三才：势、能、潜

天爻　势	“天时”在企业价值链太极八卦图中映射为“趋势”，表示趋势变化以及其他外部环境变化，对应于发展方向的引领。包括，行业趋势、经济趋势、产业趋势、人口发展趋势、技术发展趋势、政策发展趋势等等，这些构成了“企业的天时”。正所谓“时使物然”（《鹖冠子》）。

人爻　能

“人和”在企业价值链太极八卦图中映射为“人的能力”。企业的能力核心是“人的能力”，是一切能力的最本质的支撑，没有了人的能力，其他都是不复存在的。所以，在企业价值判断中，要突出和强调人的能力，而不仅仅是企业的盈利能力、商业模式、组织能力，要构建“人的能力”的管控模型和调控手段。一句话概括：所有的事情难就难在“谁做”。比如，“一将无能累死千军”，这种情况在企业中频频发生。所以，从企业的三才的角度，企业的决策者，几乎应该把所有的注意力放在“人的能力”上。正所谓“打铁需要自身硬”。

地爻　潜

“地利”在企业价值链太极八卦图中映射为“潜力”、“潜伏”，表示企业此时需要在潜力上下功夫，需要厚积薄发，时机不成熟的需要潜伏下来，专心攻克企业发展的主要难关，不要过早面对市场的风险和竞争，不要过急地铺开规模、采取激进的动作，一切都要以实实在在的潜力构建为目标，一层一层去除浮华，去除浮躁，就能够有机会实现厚积薄发的转化，向着企业的兴盛进行转变。正所谓“厚积薄发”。

完成上面的映射与转化，在企业价值链太极八卦图中，三才对应成为：势爻、能爻、潜爻，分别代表行业趋势、人的能力、积累的潜力，强调企业发展应该顺应趋势、能力强大、潜力无穷，从而才能不断提升企业价值。

企业世界的四象：对应着企业兴衰的四个状态

太阳　兴盛

核心价值健康，持续发展，企业价值持续提升，蒸蒸日上。但是，此时要非常警觉事物阴阳转换、兴衰转换的恒久不变的道理，要时刻避免出现由兴到衰的迹象发生。物极则变。

少阴　衰退

企业由兴盛转变为衰退。出现的原因不外乎内外两个原因，核心是内部的原因，进一步的理解是，对外部的变化和内部的危机没有采取措施，或者贻误时机。

少阳　萧条

企业开始出现萧条，无路可退，不可避免地出现各种发展的问题，此时也可以说是重病缠身，需要极大的勇气改变现状，否则企业将不能够继续经营。

太阴 归零

这里没有使用“倒闭”这个企业现象来定义和表述，而是使用了归零的说法。有两个含义：一蹶不振，彻底倒闭了；另一方面，归零的心态、奋起发展的心态，也能够孕育成功。所谓有生于无。如果能够站在从头再来、从无到有的思想境界上，也能孕育非常多的机会。这也表示，前面企业经历到这个阶段，是可以孕育发展的，同时也有潜伏下来的意思。

企业价值的八卦

乾卦　价值引领　在企业全力谋发展、稳定保持核心的过程中，时刻保持以企业价值来引领发展、引领决策、引领管理。

兑卦　价值营销　以价值营销统领传统的产品营销、市场营销，以用户思维替代产品思维，以企业的精神文化、品牌影响等作为价值营销的根基。

离卦　价值实现　围绕企业价值的核心，完善和改进组织构建的方式、方法、载体、手段，实现团结一致的聚势。

震卦　价值唤醒　以提升企业家自信、表达、表述等体系、方法为目标，凝聚激情与热情，形成气势。

巽卦　价值传播　核心价值的梳理、展示、表述、宣传、造势，以期实现企业经营管理的事半功倍的催化作用。

坎卦　价值挖掘

挖掘深不可测或未经发现的核心价值，以便构建具体表象的商业模式。

艮卦　价值发现

依托价值挖掘，即在商业模式的基础上，深化企业核心价值的表述表达，或者否定企业的核心价值，排除似是而非。

坤卦　价值研究

对企业价值的核心要素、机制、资源等系统体系研究，把握形势和趋势，确保能够及时做出适应性改变的充分准备和积累。

简单概括综合而言，象征天、地、雷、风、水、火、山、泽八种自然现象的八卦，原义是推测自然和社会的变化，并认为阴、阳两种势力的相互作用是产生万物的根源。我们认为，这同样适用于企业价值链的构建与创造，也有可能实现对企业价值的推测、预判变化、提升发展。

最终，形成了企业价值链太极八卦图模型。

我们还认为，以太极八卦的方式表达企业价值链的构建与创造是一种可行的方法论，也有可能比较好地表达企业价值体系的客观存在和发展变化。

当然，基于目前对于这种应用和探索的认知程度还处在企业运营管理领域传统与变革不断发生的边缘，是否是真正站得住脚的理论、方法，还需要很长的实践、总结、研究以及再实践检验的过程。

最后，象征着天、地、雷、风、水、火、山、泽八种自然现象，并用以推测自然和社会变化的太极八卦图，具体实例化，映射到企业价值链构建与创造中，用以研究、分析、定位及应对企业自身和外部环境的变化，并促进企业不断可持续发展等，应当具有指引指导的基础，也应该具有相匹配的适

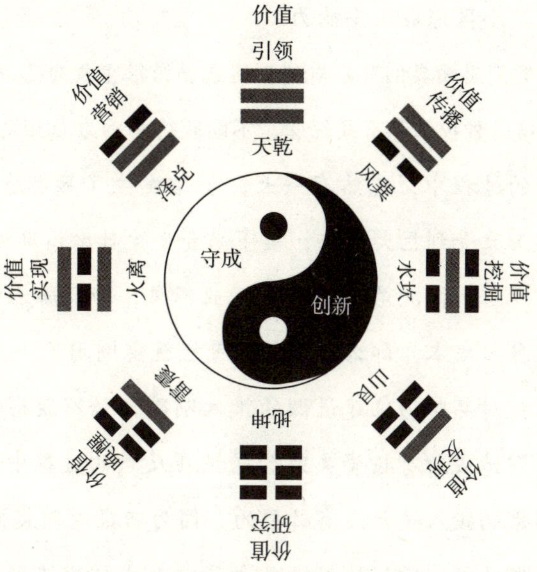

图 2-6　企业价值链构建

用性，还有无比丰富的内涵空间需要探索和挖掘。相信不管是定量、定性，还是预测的企业管理学研究与实践，将来都会发生很大的变化。

第九节　影响力就是生产力

简单而言，我们认为品牌是容易建立进而形成影响力的。这与很多人对品牌的认知理解不同。

我们举一个例子：

某一天，在您所住的小区附近新开张了一家小餐馆。餐馆装修考究；卫生保持得也很好，或是多雇用了保洁员，或是保洁员工作频度比较高；这里的服务员笑脸相迎、笑脸相送，应该是进行了认真的培训；餐馆提供的菜品也是很精致的。这样的环境、服务和产品内容，很多人都喜欢，慢慢地在周边小区形成了影响力。

从这个案例里面我们可以看到，这家餐馆很重视自己品牌形象的建设投入，并且依赖这种投入和有效经营，不断获得影响力乃至逐渐形成品牌。

在经营的过程中，突然有一天，餐馆发生了顾客食物中毒的情况，餐馆的品牌形象受到巨大打击，接下来会发生什么情况呢?

如果出现这种情况是餐馆刚刚营业不久，即品牌影响还不稳定、经营收入还未覆盖成本，那么这个餐馆可能就要倒闭了。

餐馆老板对品牌形象建设做的投入刚刚开始有获得回报的迹象，这一突发事件即造成所有投资失败。老板在反思的过程中，很可能会认为进行品牌形象的投入是最没有必要的，因为回报周期太长，风险太大。

如果餐馆已经非常好地经营几年了，在小区周边形成了非常稳定的客户群体，此时出现食物中毒事件，大家会对餐馆卫生条件产生怀疑。在这种情况下，品牌形象虽然受到了很大的打击，然而恰恰是在此刻，需要发挥品牌的作用了。老板可以做的就是，充分耐心地解释事件发生的原因、公布调查的结论，更好地服务忠实的顾客。因为多年形成了品牌，大家愿意倾听、了解所发生的情况，也愿意相信老板的解释和改进。此时，真正对餐馆能够继续经营下去发挥主要作用的就是其长期以来积累形成的品牌影响力。

上面的例子，说明一个问题：品牌建设的投入回报周期较长，也就意味着风险较大。在出现不可控事件的时候，品牌建设的投入会首当其冲，面临损失风险。

上面的例子还可能发生一种情况。比如：当餐馆以高标准完成了软硬件建设包括品牌建设投入之后，开始经营，可是一段时间后客流量仍然不理想，餐馆总是处于亏损中。产生这种情况的原因有很多，但是因为餐馆在品牌建设上的投入属于非直接生产性投入，在所有导致亏损的投入中，这一部分投入显得最没有意义了，因为建设了品牌也没有顾客可以去影响。

将上面的例子换成其他行业，进行规模放大，情况也是类似的。

然而，在企业实际经营过程中，为什么直接的感受是品牌建立很难呢?

这涉及几个问题:

以上面的小餐馆为例，它所需要关注的全部注意力就是周边小区的人群，并以此为理想目标，希望它的品牌影响覆盖周边直径一公里即可，这是我们在上面例子中看到的容易实现的原理之一。我们还假定，餐馆经营很成功，并做出经营决策，计划未来在城市内复制50家甚至更多的餐馆，那么其品牌影响力覆盖的范围则成指数增长。能否按照第一个店的经验进行复制（包括品牌建设的投入)? 风险会增大很多，面对的竞争对手情况也变得更复杂，不一定能够复制成功。所以，**产品希望影响和覆盖的人群越大，越难以有效形成品牌影响力**。

品牌影响希望覆盖的范围越大，需要建设投入的成本也越大。在一定成本投入下进行内容分配时，品牌形象所占的投入越大，对生产经营性的投入就会越少，这直接会影响到关于如何投入的决策。并且，每个企业都希望尽快赚到钱，由此也对应着尽快投入生产经营，而品牌形象建设这种长期性的任务往往说起来重要，做起来就放在一旁了。随着时间的推移，就会展现出这方面的投入越来越大，影响力的建设看起来总是很滞后。从结果看，就会出现很多企业自身品牌影响力的建设很困难。

很多企业为什么没有品牌? 这有历史的原因，在过去经济发展的一段时间内，一方面需求大于供给，产品和生意好做，自然忽视品牌的重要性; 另一方面，很多外贸型企业核心就是承载了生产制造的转移，产品或服务的品牌建设责任不在企业本级。还有一些，体现的是短视和投机，先赚到钱捞一把，不行再干别的，这种思想也是存在的。

品牌影响力辛辛苦苦地建设起来并不能简单地转化为生产力、转化为企业的效益利润。并且，受其所累，企业反而会在维护品牌影响方面增加更多的成本投入，造成企业现金流更加紧张，这也是常有的事。

接下来，我们来看看如何实现从影响力到生产力的有效转化，创造出利润价值。

首先，品牌定位要准。这是有一定难度的，很多企业会觉得自己品牌建设很重要，但投入产出效果并不明显。这在理念上应该没有错，可是在品牌定位这第一个环节就出现了问题。因为，品牌定位是不容易的事情，市场竞争如此激烈，如何脱颖而出需要在这个环节真正下足功夫。

其次，品牌背后的价值观不能与产品脱节，变成两张皮。说得非常好、宣传得非常好，真正到消费者那儿，还是不买账，原因就在于产品的功能、特性、作用与所宣传的品牌及其价值观脱节。这里是说基本品牌定位精准，但产品定位不精准或者严重来说质量有问题，那么品牌影响自然不会形成。

第三，品牌不能与企业文化脱节，品牌是企业文化的集中展现窗口。一个企业没有企业文化，没有企业精神，品牌影响力也是不能够真正建立起来的。在这个脱节的现象中，不是品牌难以建立，而是其背后的企业文化、企业精神难以建立。

第四，品牌希望覆盖更大范围，就需要更长时间周期来建立。如果一个企业只希望在 10 名顾客间形成良好的品牌影响力，那是非常容易做到的；如果一个企业希望在 1 亿用户间形成良好品牌影响力，除了资本投入之外，其他需要做到的还有很多，这是非常不容易的。是发展客户规模为先，还是打造品牌影响力为先？是规模影响了品牌，还是品牌影响了规模？这基本上类似于鸡生蛋、蛋生鸡的问题了。所以，要树立长期持续投入建设品牌的经营理念，需打持久战才行。

第十节　趣谈企业与物理学定律

在很长时间内，我痴迷于找到企业发展的背后可能存在的本质和规律，所以，我尝试把看到的一切元素都与企业建立联系。前一阵子，偶然间在设计企业价值链的过程中构建成了八卦图的模式，就对照着《易经》看了一下，畅想了将"企业"类比为"宇宙"，可以设定企业的两仪为"守成"和"创新"，对应于宇宙的两仪即阴阳，并且感觉这样的映射还可以进一步延伸，甚至没有终点。

今天又偶然看到了一些物理学定律方面的故事，看到物理学定律在描述和解释宇宙及地球自然等方面令人惊叹的发现，突发奇想地尝试拿企业可能存在的原理规律与物理学定律联系在一起考虑，看看是否是一件有趣的事情，是否可以帮助企业的本质，是否可能启发企业的运营管理。

物理学定律一般有以下几个特征：

- 普遍，它在宇宙任何地方都适用。
- 简单，它们可用典型的数学方程式表达。
- 绝对，宇宙中无任何东西能影响它。
- 稳定，从第一次发现后，就不会改变。
- 万能，宇宙中所有事物都服从它。

简单地说，定律表示发生了一些事，而理论则解析一些事为何及怎样发生。科学理论一般比定律复杂，它有许多部分，它们可随有效实验数据发展而改变。定律是经验观察的总结，自然界较出名的定律有：①牛顿经典力学理论；②爱因斯坦的相对论；③波义尔气体定律、守恒律、热力学四定律等。

如果把物理学定律翻译成社会哲学的语言，并遵循以上的几个特征的话，是不是跟《易经》有相似的描述宇宙规律的能力呢？

这里我们从物理学的角度，尝试遴选一些定律与企业的运营管理相结合，并给出一些有趣的分析。

一、能量守恒定律

能量守恒定律（energy conservation law）即热力学第一定律，是指：在一个封闭（孤立）系统的总能量保持不变，其中总能量一般说来已不再只是动能与势能之和，而是静止能量（固有能量）、动能、势能三者的总量。能量守恒定律可以表述为：一个系统的总能量的改变只能等于传入或者传出该系统的能量的多少。如果一个系统处于孤立环境，则不可能有能量或质量传入或传出系统。对于此情形，能量守恒定律表述为：“孤立系统的总能量保持不变。”

能量既不会凭空产生，也不会凭空消失，它只会从一种形式转化为另一种形式，或者从一个物体转移到其他物体，而能量的总量保持不变。能量守恒定律是自然界普遍的基本定律之一。

得到的启发：

• 企业要想发展，不能是封闭的系统，否则是不能够发展的，必须想办法对外进行能量交换。

• 对于初创企业而言，企业的能量假定为 0，如果希望能量不断变大也就是企业不断增长，就必须有更多的能量“传入”进来，这也是显而易见的。

• 如果企业“传入”的能量很大，而对外“输出”的能量不够大，则说明“能量”聚集在企业内部了，对于成长期企业而言是在积累，对于成熟期企业而言则是在“消耗”。

• 如果把“静止能量（固有能量）、动能、势能”三种能量在企业中做映射的话，可以比喻为：成本（静态）、做事（动能）、做势（势能）；如果企业的能量要不断增加，就是从成本、做事、做势三个维度去找方法、找着力点。可知：

企业的能量 $=f$（成本，做事，做势）

即企业的发展需要三个要素：成本、做事与做势。

突破点在于，如何“做事”。

二、牛顿运动定律

1. 牛顿第一定律

牛顿第一运动定律，简称牛顿第一定律。又称惯性定律、惰性定律。常见的完整表述：任何物体都要保持匀速直线运动或静止状态，直到外力迫使它改变运动状态为止。

得到的启发：

企业如果遵循第一定律的话，就是一直持续惯性、惰性的话，将只能保持匀速或者静止，而对于企业而言，静止就是灭亡，保持匀速将是非常美妙的。但是，企业在市场环境下，随时随地可能发生改变，外力非常复杂，并且多表现为“阻力”，而不是“推动力”，其趋势结果是将使企业不断趋近于“静止”的状态。也就是企业想维持发展是不行的，必须确立增量发展的指导思想，才能够不断发展。

2. 牛顿第二定律

牛顿第二运动定律的常见表述是：物体加速度的大小跟作用力成正比，跟物体的质量成反比，且与物体质量的倒数成正比；加速度的方向跟作用力的方向相同。该定律是由艾萨克·牛顿在1687年于《自然哲学的数学原理》一书中提出的。

得到的启发：

- 企业如果要加速发展必须找到“作用力”。
- 企业的体量越大，加速发展越是不容易。
- 企业在发展的初期，应该控制规模，才容易加速发展。故不要急于把企业的规模搞得过大。
- 只有追求“加速度”才是真正的发展；对于企业而言就是不断提高“增长率”。

3. 作用力与反作用力定律

作用力与反作用力定律一般表述为牛顿第三运动定律，其常见表述是：相互作用的两个物体之间的作用力与反作用力总是大小相等、方向相反，作用在同一条直线上的。该定律是由艾萨克·牛顿在1687年于《自然哲学的数学原理》一书中提出的。牛顿第三运动定律和第一、第二定律共同组成了牛顿运动定律，阐述了经典力学中基本的运动规律。

得到的启发：

• 企业要向前发展，我们比喻为作用力，而其所遇到的各种困难和挑战比喻为反作用力，那么，它们是一样大的。所以，如果想做得更好，就必然会遇到更大的反作用力。

• 只有能够提供足够的力量克服反作用力，企业才能向前发展。这主要依靠提高企业的劳动生产率。在现在的社会形势下，提高劳动生产率就只能依靠创新。

• 对于企业而言，没有不遇到反作用力而能够发展的。

三、波粒二象性：

波粒二象性（wave－particle duality）是指某物质同时具备波的特质及粒子的特质。波粒二象性是量子力学中的一个重要概念。在量子力学里，微观粒子有时会显示出波动性（这时粒子性较不显著），有时又会显示出粒子性（这时波动性较不显著），在不同条件下分别表现出波动或粒子的性质。这种量子行为称为波粒二象性，是微观粒子的基本属性之一。1905 年，爱因斯坦提出了光电效应的光量子解释，人们开始意识到光波同时具有波和粒子的双重性质。1924 年，德布罗意提出“物质波”假说，认为和光一样，一切物质都具有波粒二象性。在经典力学里，研究对象总是被明确区分为“纯粒子”和“纯波动”。前者组成了我们常说的“物质”，后者的典型例子则是光波。波粒二象性解决了这个“纯粒子”和“纯波动”的困扰。它提供了一个理论框架，使得物质有时能够表现出粒子性质，有时又能够表现出波动性质。

得到的启发：

• 企业借鉴物质的波粒二象性，那么“粒”代表企业的静态质量，“波”代表企业的发展速度。.

• 在海森堡不确定性原理的指引下，企业为了平衡，“质量”和“速度”是不能兼顾的；企业的发展质量和发展速度不能够同时精确测量。

• 企业一系列的连续发展展现为“波动性”，每个发展的节点状态展现为“粒子性”。

四、爱因斯坦相对论

相对论极大地改变了人类对宇宙和自然的“常识性”观念，提出了“同时的相对性”“四维时空”“弯曲时空”等全新的概念。它发展了牛顿力学，推动物理学发展到一个新的高度。

相对论是关于时空和引力的基本理论，主要由爱因斯坦创立，依据研究对象的不同分为狭义相对论和广义相对论。相对论的基本假设是相对性原理，即物理定律与参照系的选择无关。

据狭义相对性原理，惯性系是完全等价的，因此，在同一个惯性系中，存在统一的时间，称为同时性，而相对论证明，在不同的惯性系中，没有统一的同时性，也就是两个事件（时空点）在一个惯性系内同时而在另一个惯性系内就可能不同时，这就是同时的相对性，在惯性系中，同一物理过程的时间进程是完全相同的，如果用同一物理过程来度量时间，就可在整个惯性系中得到统一的时间。

得到的启发：

就是一个关键词“惯性系统”。假定所有的企业都在一个惯性系统内运行，那么当前这个系统内的所有企业都会是一样的“同步发展”，并遵循一样的“发展规律”。所以，在同样的市场条件下，即同样的惯性系统中，企业发展好不好只跟自身的情况有关，所有企业遵循的“发展规律”此时没有发生变化。这显示，并不是市场竞争造成企业发展不好，而是企业自身存在严重问题。

联想到中国科幻作家刘慈欣的科幻小说《三体Ⅲ·死神永生》提到的“降维攻击”，不就是本质上改变事物所处的惯性系统定律而导致高维生物不适应而失败的吗?

惯性系统其实就是企业所处的行业、领域、区域、环境下的市场，若在同一市场里面，各个企业表现的时空发展规律将是一样的，而如果不同惯性系统之间的竞争则表现为不同的发展规律，这也就是现在展现的跨界、交叉、多元的企业创新发展趋势。

“惯性系统”是企业生存的全部约束条件集合，我们翻译过来可以理解为企业所处的“生态环境”，比如：行业发展趋势、产业发展趋势、产品发展趋势、经济发展趋势、政策与法律发展变化、自然环境及人口变化等。

第十一节　去做，让改变发生

“去做，让改变发生。”这句话大概是在 2013 年左右，在深圳与一个好朋友聊天过程中听到的，从此，便深深地牢记下来。

至今过去好几年了，从自身工作体会出发，更深刻地感受到这个理念的魅力和意义。

但是，与所有高度概括、简化抽象的口号一样，这句话看似精譬，如果加以深究多少是存在问题的。因为，这里面的细节，全凭仁者见仁智者见智了。

今天想起来，还是要展开一下，以便有更好的指导作用。

首先，作为理念，其表达的是“勇气”和“决心”。在我们创新、创业乃至寻求任何事情的突破发展，“走老路，已经不能到达新地方”的时候，需要的是“勇气”“决心”。所以，这句话的核心指导意义在于“思想”指导，而非“行动”指导。

如果要作为“行动”的指导，我们来看看如何深入理解：

做是第一位的。显然这不是容易的。那怎么做呢？

——要讲科学。对于寻求突破的工作部分，要遵循理论与实践的互动和共振，应该是首先做到“想清楚”。如果没有想清楚、不科学，没有预期结果可以验证，那么这种情况多半应判定为“盲目”“蛮干”，反而是不可取的。

——要讲实效。做起来了，每时每刻，理应有“反应”“成效”，有时是非常入微的，所以需要注重细微的成效、改变发生的时候，与预期的目标是接近还是背离。不论是接近了还是背离了，都是重要的成效信号，能够捕捉到这种信号，才是务实的“做”，否则还是浮躁了些。

——要讲反思。三省吾身也罢，举一反三也罢，苦苦求索也罢，反思就是“反过来思考”。比如，不这样如何？这样的结果对吗？为什么不是那样？诸如此类。在做的过程中强化“否定”的理念，强化多样性和各种可能性，是有帮助的。这好像与“坚定”是冲突的，其实也现实地体现了矛盾论、实践论，没有矛盾不现实，不经过实践也发现不了问题。

其次，改变是随之而来的，不是刻意的。这句话的意思是不能打哪指哪，而是应循着事物的进展进度，观察和接受自然而然发生的改变和结果，有时往往与预期目标差之千里，但这就是结果。

当这个改变发生的时候，怎么看待呢？

- 改变已经发生，只能接受。
- 改变不如预期，那就改换做法。
- 改变恰如预期，那就升级做法。

改变发生后，最值得及时做的延伸动作是——总结。

不善于总结者，仅仅停留在“去做，让改变发生”的表面层次，做些表面文章，是没有益处的。

总结是一门大学问，往往在从事具体工作的人眼里，多有忽略，甚至有人放弃对自己工作的总结，认为“工作就应该如此”，等等。

实际上，当你提笔写字、键盘敲字准备写一份总结时，你会发现并不容易。原因在于，很难成体系、组织起有效的文字结构和思维逻辑。这就是缺乏总结。背后深刻的原因是缺乏思考，实际上大脑在平时工作中都是下意识地在运作。这是十分不可取但又常见的情况。

第三，强调一下“勇气”和“蛮干”的区别、“坚定”和“否定”的

区别。

说得形而上一点，这些就是一个事物的“两面性”，即一体两面。也可以说，二者是无法分开的。勇气里面含有蛮干的成分，坚定的过程要有否定的理念意念。这的确是符合中国传统文化的，也是符合所谓哲学层面的矛盾论的。

怎么办呢？

如果真的是遇到了明显的困惑，则需要升级自己的思想体系、认知逻辑、价值观。这真的不是“虚无”的，而是每时每刻都在潜移默化地影响着每个人的一切，或进、或退。

还有，就是个人永远不如集体力量强大，要尽量在执行层面、微观层面多多利用集体组织的力量。

真理有时候还真是掌握在少数人手里，这个人显然是先知先觉者。遇到这种情况时，真理不被大多数人接受的情况发生了，特别在秉承和实践“去做，让改变发生”这一理念的过程中，这种矛盾的对立情况，会更普遍，也会更加尖锐化。针对这种情况，有一个建议，“谁做由谁，要么不做”，剩下的都听“主事”之人的。也许是做成了，也许真的没做成，失败了，对不起，这就是这类创新者的两种宿命。

再升华一下，来思考：“即便失败又如何?”

往往人们在说“失败是成功之母”时，眼里心里只有“成功”两个字和对“美好前景”的想象。又有多少人会将注意力聚焦在“失败”两字上呢?按照逻辑思维，没有失败就没有成功。但，有人想过主动寻找失败吗？有人能辩证地对待失败、对待失败者吗?

所以，升华一下结论的话，就是：“其实所有的失败都如成功一般，也是弥足珍贵的。”二者唯一的区别在于，失败多半磨砺人、成功常是激励人，其余都是本质一样的。

最后，无所谓“成败”，才是“去做，让改变发生”这一理念的灵魂。这些人，有时也被称作傻子、疯子、骗子、精神病，等等。当他们取得成功以前，多半是如此被评价的。

第三章

如何把技术成果转化为产品

企业自身要创新，对外整合科技创新资源是重中之重，但是将专家手中的技术成果转化为产品，成功率一直不高。这种看似非常正确的事为什么不容易实现呢？究其根本，我们认为这个协作转化过程如同赛场上的接力赛跑，参加比赛的运动员除了自己跑之外，更重要的是要练习接力棒的交接；而企业和专家作为"运动员"，相互之间的练习和配合太少了，也没有非常好的观点和方法为他们的共同协作提供指引。在企业技术成果转化的过程中，"接力棒"就是专家的技术成果，"完成比赛的成绩"就是转化出产品的市场价值，在企业创新研发的实践中，要将重点聚焦在双方合作的"接力区"设计上，包括规律的把握、规则的设计、协作的训练等，使得一旦有成熟的选手产生，就能脱颖而出。

第一节　核心：成果转化的核心在于转化

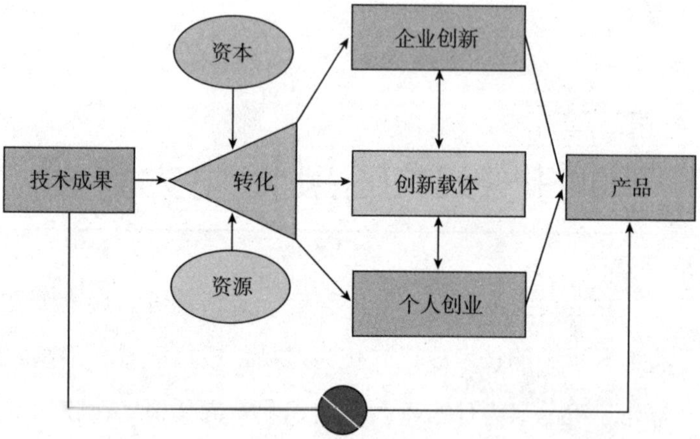

图 3-1　技术成果转化示意图

成果转化在企业创新、社会区域创新发展中，是重要的手段和方式之一，也是当前备受关注的主题之一。但是，在具体实践过程中，特别是企业从过去的“模仿创新”向“自主创新”方式转变的过程中，区域产业经济升级发展过程中，成果转化的重心过多地放在了“成果”本身，而忽略了“转化”才是核心的规律。

成果，通常我们可以认为在科研院所、技术团队、高等学校手中；市场，通常我们可以认为是需要企业去开拓。这显示了成果的形成主体和一般形态，也显示了成果转化的主体必然也是直接面向市场的企业。同时成果转化的目的是推动企业的技术创新，也就是最终目标必须导致新产品的产生、新市场的占领，在这个目标的实现过程中，最难把握的是“转化”而不是“成果”。

对于“成果”我们通常大可放心，比如与之相关的技术鉴定、成果鉴定、专利证书、软件著作权等，大体上说明了成果的功能和效用。那么为什么成果转化成功率不高、让人采用或者转化不放心呢？这些问题不是“成果”本身造成的，如果有问题就不能称其为“成果”了，而是由于“转化”本身的不确定性造成的，很多时候大家把这个账记在了“技术不确定性”上了。

转化的不确定性要考虑的范围大于成果中间包含的技术不确定性，即除了技术成熟度、成果先进性等不确定性因素外，还包括团队稳定性、影响力、市场成熟度、转化成本、生产成本、预期利润率、转化周期、目标市场变化、突然的新技术替代等，这些不确定性可以列出很多。如果“成果”是技术创新的输入之一、“产品”是技术创新的输出之一，那么这个反应过程就叫“转化”，需要考虑的因素非常多。

转化过程中的不确定性还包括，单一成果的有效性、配套技术的可获得情况以及随之而来的不确定性。应该说，通过总结观察分析，我们认为单一成果要素导致新产品产生、新竞争力形成的现象是不多见的。通常是在多个成果技术要素或者非技术领域的其他重要情况发生、综合发生作用的情况下，成果转化推动企业、行业潮流发展的情况才会发生。

创新都有风险，都是在试错。因此，“成果转化”本身具备明显的二次创新、迭代创新的特点。**也就是说，成果转化并不是站在了“巨人的肩膀”上，而只是接过了“接力棒”**。这里有个“接力区”，就是转化过程，不但竞争激烈，而且风险重重，更吸引人的是，这个接力区蕴含了真正的技术创新驱动的机会。

成果转化的接力赛缺乏裁判机制、训练机制和足够的运动水平。我们看看接力赛的两方代表：科研院所高校代表队和企业代表队。大家看看，他们能够配合好，一起完成“成果转化”的接力赛吗？很显然，在“接力区”互相很不熟悉，机制保障上存在问题，比如很突出的知识产权保护不力的问题。

更让人忧虑的是，“科研成果代表队”越来越高大上，绝大多数的企业代表队是跟不上科研创新的步伐的。现实的情况大体如此。管中窥豹，可以看到我们要推动成果转化的成功实施有多大的困难。

如果想在短期内提升成果转化的水平、效率，可行的抓手是大力扶持和发展高水平的成果转化服务机构。以深圳为例，深圳虚拟大学园引入国内及国外院校落地建设深圳研究院，目前已达57所，这种方式在成果转化的环节上，发挥的就是高水平中介服务机构的作用——让两方代表队更好地开展接力区的训练和水平的提升。

如果成果转化的“接棒者”企业一方不愿意、没能力参与这个比赛，那么就必然是被淘汰。各级政府看到了这个问题，就花大力气推动企业去“接棒”。如前所述，成果转化是又一次的创新过程，成果转化失败归结起来还是我们的企业创新能力、实力、水平还不够。完成这个过程，最惨烈的就是一批企业倒闭、一批企业新生，这样的事情每天都在发生。同时，企业倒闭（包括停滞、后退）和企业新生的速度在很多地区是失衡的，这正是经济在当前周期遇到的重要问题之一。

在全球化、国际化的大背景下，在资源充分流通和交换的时代潮流里面，企业新生就一定是选择最适合的“土壤”扎根。**这个土壤，在成果转化的环节，我们的描述就是区域协同创新环境，竞争的就是环境的优劣**。一方面，传统落后的企业停滞、后退甚至倒闭了，另一方面，新生的企业在其他区域有选择，没有在此扎根，由此产生剪刀差的情况，该区域的经济发展就会遇到大问题。比如，我国东北地区曾经是重工业的典型代表，而现在则是经济发展严重滞后的典型代表，其核心就是人才外流、资金外流、企业新生慢。在这种情况下，通过成果转化而新生的企业一定会向人才密集、资金密集、配套成熟的区域快速转移，拦是拦不住的。

政府发现了这些问题，表现得比企业更着急、更忧虑。但是，政府不是运动员，企业才是运动员。所以，以成果转化为代表的技术创新、企业创新，核心在转化、在有没有有能力的企业接棒，致力于二次创新，从而实现老树发新芽、涅槃重生，或者是崭新的企业落地生根、发芽壮大。

“转化”的过程如此重要，与对“成果”的重视相比，人们应该加强对“转化”的重视，也就是进一步加强对企业创新主体的认识、市场需求引导的重视，也需要大力扶持“高水平成果转化服务机构”的设立和建设，帮助企业成果转化提高效率和水平，从而实现弯道超车，实现转型升级，实现跨越式发展。这类机构，目前有政府主导建设的，也有市场主导建设的，不论哪种方式，都在不断创新探索发展的过程中，其自身发展规律、机制并未完全成熟，中介服务水平和作用也有待进一步提升。

第二节　两极：成果转化与企业创新

一、成果转化是非常不容易及不经常发生的事情

1. 成果转化是一个看似简单但实际非常复杂的过程

成果转化是社会经济各个维度都会涉及的复杂的科研、经济、资本相结合的过程，各方都希望能通过“化学反应”产生超越平均发展水平的驱动力和利润效益。

2. 成果是科研人员的目标

我们来看看为什么这样说。把“成果”当成目标，是科研人员的使命。科研人员历经千辛万苦，甚至奋斗终生，就是希望能在“成果”上有突破、有创新。当这一目标达成后，其科研的使命就终结了、完美了。然后，为了攀登科学、科技、研发的更高峰，他们会再次前进、追寻成果的更高境界。

3. 成果转化是企业创新的手段之一

企业创新的目标，说得俗一点，就是赚钱，为了实现超越社会平均水平的经济利益。问题在这里变得复杂了。

（1）在“成果”拥有者的目标、价值观、使命中，不存在为企业创新提供服务的天然使命。他们的使命是不断追逐科研成果的一座座高峰。你让他放下手里的工作，与企业家一起去实现超越平均水平的经济利益，这不太可能。或者说，这样做的根本不是科学家，而是“科研企业家”。

（2）“企业创新”的目的是利润。但企业获取利润，依靠成果转化的科技创新驱动，需要两个条件：一是成果对市场需求的匹配度、成熟度；二是成果转化的投资效益比。这两个问题不解决，没有企业能够获利，也就没有企业通过成果转化去实施创新。

（3）“转化”是消耗大量外部能量的。如同化学反应中催化剂的存在，成果转化需要的催化条件、所涉及的风险、资本资源投入量等，消耗甚大，有能力才行。

二、企业创新与不创新都很难

成果具有天然的转化成为生产力并获取超越平均经济利益水平的优势。但不幸的是，世界范围内，从“成果”出现到其变成“产品”，平均转化周期在25年左右。25年，这么漫长的过程，岂是说转化就转化的。那么现在是什么情况？

一是很多时候“为了转化而转化”。因为政府有政策红利、企业评审高新技术企业、企业为了专利而专利、企业申报科技创新经费等，不一而足，“转化”了就具备了一种资格、一种荣耀。

二是在过去经济发展的历程中，企业赚钱靠资源、靠低成本劳动力即可。不可否认的是，多年来，依托低成本人力和土地资源，通过倒买倒卖、占有稀缺矿产资源、山寨模仿、委托加工等，中国企业确实创造了巨大财富，也打出了“世界工厂”的名声。而用这样的方式可以赚到很多钱的时候，“成果转化”这么不容易赚钱的生意，大多数企业不会去做。

三是企业无路可走了，才会想起成果转化及企业创新。我想大半情况都是这样的。企业是否创新，对于企业而言，不是阳春白雪，是生死攸关的选择。

三、从宏观角度来看，传统企业特别是制造业已经无路可走

为什么这么说？因为它们几乎就没有在企业创新方面做出过正确的选择和投入。我不是这方面的专家，只是一个普普通通的观察者。我们的制造业从家电到汽车，从服装到饮食，哪里在创新？好了，现在路都堵死了，又遇到了“互联网”这一个横空出世的颠覆者。

所以，国家提出了中国制造2025，国外提出了工业4.0、工业互联网，也有人提出了互联网+、互联网思维。这些需要一个基本的东西——我们在什么基础上干？

打个比方，我们的制造业是“小学生”，相信很多人不会有反对意见，那么现在“办一个讲堂”，让他们很快“拿到大学文凭”，也就是具备工业自动化、智能化、信息化。这可能吗？

又比如，国家提出“凤凰涅槃”“腾笼换鸟”。什么是凤凰涅槃，就是企业基本上死过一回、推倒重来，然后恰好有一口气在，又活过来了、活得更好了，这就升级了、涅槃重生了。且不说实际难度有多大，想想就知道这是多么痛苦的过程。如果做不到，国家也说了“腾笼换鸟”，你原来的企业不行，那换好的企业（新鸟）进来。这里面的问题是：一是老的不好的企业（老鸟）去哪里、哪里是可以生存的？另一个是，新鸟在哪里、哪里的环境适合新鸟生存？再后来，国家提出了“大众创新、万众创业”，就是集体孵化“新鸟”、全民成就“新鸟”。

回到主题，成果转化推动企业创新，决定权在“新鸟”和“老鸟”，而不在成果本身。但是，成果与利润之间的距离“近在眼前、远在天边”。怎么办？以市场的必然性为基础，以成果转化的偶然性和高风险为手段之一，更多的聚焦时代潮流下的用户需求、市场需求，以产品创新和应用创新作为企业目标，以尽可能短的距离连接市场，获得利润且唯有获得利润，才能使得企业不断发展。

成果成功转化是小概率事件，企业实施创新是必然需求，两者之间的关

系不在一个线性的维度和轨道上。企业创新应该摒弃浮躁的心态及赚快钱的想法，持之以恒地长期投入，使自己逐步成为有能力的转化成果的“运动员”，才能成功地实现转型升级，我们的制造业才能发展起来。

一将功成万骨枯。千千万万的创新，有十之一二的成功，必然也是如此。

第三节　障碍：技术成果转化的问题

为讨论方便，我们首先需要对“技术成果转化”的内涵进行初步界定。相对于科技成果转化的广义内涵比如专利知识产权转让、授权、联合研发等而言，本文的“技术成果转化”主要是指产业化，是指通过科技成果的应用研发形成新产品、新工艺并成功走向市场的过程。所以，使用技术成果产业化的狭义内涵来代替技术成果转化的表述。

一、实施产业化的技术成果应具有的特征

客观上，高校研制的大多数技术成果不能够实施产业化。得出这个结论并不难，这里就不展开论述。那么，具备什么样特征的科技成果能够成功实施产业化呢?

首先，这些成果要具有一定的技术超前性。这里是指，与产业界相比具有一定的技术超前性，特别是正处在技术向产业转移的启动阶段，而业界大量的企业为了利用此项科技成果占据市场优势地位，也做好了投入的充分准备。

其次，这些成果要满足和适应市场需求。有很多科技成果技术水平很高，但是没有市场需求，也就没有市场驱动力，业界资本就不会配置到该项科技成果产业化的过程中来。只有满足和适应了当前市场发展需求的技术成果，才能够顺利地启动产业化过程。比如，瞄准国家十三五期间对战略性新兴产

业的大力扶持与发展，与之相匹配的技术成果产业化将具有空前的机会。

第三，拥有技术成果的团队具有迫切产业化的诉求。技术成果形成后，其产业化能力依然聚集在技术团队核心人员身上。脱离了技术团队迫切产业化的诉求，仅凭技术成果本身的技术超前性和正确的市场需求，产业化过程也很难成功。有了技术团队的实质投入和参与，才能保障科技成果产业化的持续性，才能确保攻克产业化过程中遇到的各种技术风险。

二、科技成果产业化的关键要素

即使具备了前面所述的基本特征，科技成果产业化成功之路依然十分艰难、遥远。有几个关键要素是必备的。这里我们给出一个简单的等式：

$$产出 = f（投入 \times 风险）$$

首先，如果要通过产业化获得产出，必须有持续的投入。通过等式，我们可以看到投入越大产出会越大，当然达到产业化的合理投入需求即可。究竟投入多少是科学的合理的，不在这里展开论述。如果投入不足，那么所有投入很可能归零，将直接导致产业化失败，产出自然为零。因此，要清醒地看到：没有明确、持续投入的产业化过程，不能够成功。短暂的风光，也只会是昙花一现。

其次，如果通过产业化获得产出，必须承担一定的风险并管理好风险。实际的确如此，没有风险的产业化不会有产出，这是市场的基本原则。**很多时候，决策层对风险都是厌恶的，谈到风险或者完成风险的充分论证后，很多决策就不了了之了**。当然，为本文论述方便，不展开论述风险的内涵和边界。实际上，产业化不能成功，很多时候是缘于不接受风险、未认清风险、厌恶风险，也由于产业化过程中风险的确很多，且很多外部风险根本不能够管理和控制，只能做一些相应的风险防范措施而已。所以，也注定事实上的科技成果产业化成功概率不会太高。

第三，还有一个隐含的要素，那就是合理的机制。从静态角度看，为实施成果产业化会组建团队、设置机构、安排预算、配置资源；从动态角度看，要将上面这些内容有机组织以形成有效生产力，就需要建立相对应的合理的生产关系。维持这一生产关系最重要的要素是机制，其中包括激励机制、运营机制、合作机制等。考虑高校自身的科技成果管理特点，还包括科技成果管理机制、评估机制、分配机制的变革与创新。不用再多展开，这已经足够复杂。所以，很多时候现有的机制不满足生产力发展所要求的生产关系，致使很多可行的科技成果不能走向产业化之路。有时候，为了一次性规避这些机制约束、释放科技创新生产力，很多技术成果及其团队绕开了机制创新这条路，以个人名义开公司，实施科技成果产业化，这也是当下高校科技成果产业化的现实。

三、科技成果产业化要采取协同创新集成创新

首先，单一成果产业化很难。当前经济社会发展形势下，单一科技成果实施产业化很难成功。从技术角度出发，产业化过程中需要多学科交叉，需要更多关联技术成果导入；从产品研制角度出发，单一科技成果发挥的作用不是全部，比如：要确保经济性、可量产、可稳定重复生产等，仅仅聚焦单一成果的技术优势而忽略以上内容，产业化过程中会不断遇到未知的困难。

其次，单纯来源于高校的科技成果产业化很难。这主要是因为，这些科技成果产出的过程中，市场需求、产品量产、经济性等，并没有作为成果评价的目标进行考核。在现行高校科技成果考核指标下形成的结论，缺乏明确的市场需求牵引、缺乏对产业化阶段要素的考虑。这并不是说这些成果没有价值，毕竟高校基础创新以及人才培养过程中，也会为社会发展提供巨大的间接支撑，甚至也会不断引领技术创新革命，这也是高校的另一个社会责任体现。

第三，协同创新、集成创新会增加成功概率。高校的科技创新转化为生产力，为社会发展做贡献，已经越来越多地受到关注。高校大力实施“产学研用”，联合生产链上的上下游部门，实施协同创新、集成创新，才能更好地发挥高校这一社会使命。围绕市场需求，产业界提出新产品、新工艺特征

描述；高校作为研发机构，整合和配置相关科技成果资源，整体支持和运作；利用募集的各类资金，以取得应用市场为目标，组建产业化研发平台（实验室、实体公司），市场化运作，成功推向市场。

当然，上面仅仅就几个问题进行了简单分析，试图对高校科技成果产业化工作有所借鉴。更多更详细地厘清科技成果产业化的要素和过程，有很多文章文献可以借鉴。然而，科技成果产业化终究是一项实践过程，所有的道理只能通过实践来检验。作为从业者，机会很多、任重而道远。

第四节　手段："产学研用"相结合

从不断探索尝试的过程中一路走来，从"产学研"到"产学研用"的深化，有很多的工作需要参与各方重新思考和设计，从而确保组织机制、运行机制、管理制度等能够切实落实到以"用"为出发点和落脚点，以"用"为指挥棒的工作部署和执行上来。

当然，既然是"产学研用"四个方面，就需要进一步从顶层梳理产学研、用参与各方各自的基本认识定位、相互协作关系机制，从而在新的条件下形成新的工作格局，使得"产学研用"相互融合、互为支撑、形成体系。

一、"产学研用"是一个整体

强调"产学研用"的整体性，是要进一步强调和明确以"用"为目的而不是以"研"为目的，从而会避免在工作中，尤其是全局工作布局和决策中，出现对"目的"定位的偏移。

同时，也不要有"'产学研'是错的"这样一种想法和认识，因为作为技术创新的一种重要手段，"产学研"的作用是很大的；更不要有把"产学研"和"用"割裂开的想法和认识。

如图 3－2 所示，“产学研”通过“用”形成了稳定的星形结构，互相之间的联系更明确了。

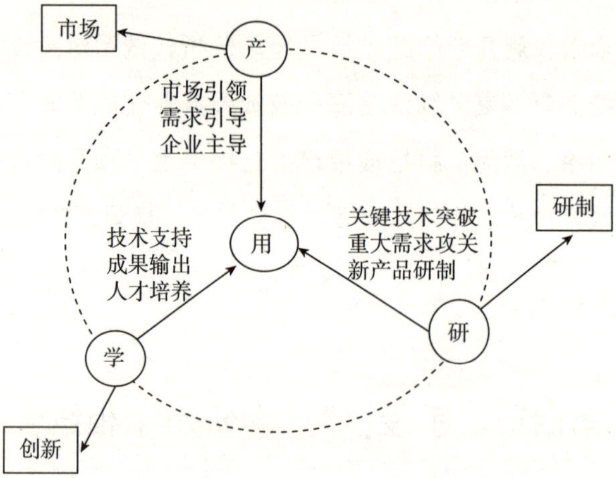

图 3－2 “产学研用”结合的“飞轮”模型

二、“用”是目的，其他为支撑

2012 年全国科技创新大会上明确提出了从最初的“产学研”拓展到“产学研用”，更加明确了科技创新的目的、产学研结合的出发点和落脚点，其实也就是用“市场”作为引领和检验产学研是否成功的标准。如果仅仅从字面上认为增加一个“用”是很简单的事情，那就太缺乏对产学研深刻的认识了。应该说，我国实施“产学研”结合，国家大力支持技术成果产业化，已经有 20 多年的时间了，这期间科技创新为社会经济发展做出了巨大贡献。但是，面临建设创新国家（城市）的更高要求，如果“产学研”不能够应用、不能够成为用户需要的产品，科技创新对社会经济发展的贡献率不能够大幅提升，那么就不能得到支持、不能够配置资源。

三、“研”是关键，是技术创新的关键环节

有了市场的引领、应用的明确需求，实施成功的技术研发就成为最关键

的环节。

这个环节是最为特殊的环节，主要是“三高”：

1. 投入高

技术研发的投入很大。这包括设备设施、工具材料、组建团队等，越是高精尖技术的研发，投入越大。对于任何一个企业而言，预算大笔技术研发费用进行技术创新都是很具挑战性的事情。这样实际上就造成了很多企业技术研发能力很弱（投入不足）。以广东地区为例，数量众多的民营企业中，很多是同质化竞争的，大家比拼的是低成本。由此在科技创新上的投入会更加不足，或者是很难实施。

2. 风险高

实施科技创新、技术研发，不论是在企业还是在高校，其风险都是很大的（真正意义上的创新）。从“产学研用”的角度，在众多的风险中，最主要的风险是“投入不足的风险”（这个读者可以深入思考）。而这个风险，可以从另外三个风险“是否有市场、是否在时间资金成本下能够完成、团队是否稳定”来寻求措施和答案。一旦有市场，那么市场上的投资资金就有可能跟进，解决资金的风险；一旦在限定条件下能够完成，那么就可以进行技术成果转化、获取必要的研发资金。实际上，对于风险太不确定的事情，在“产学研用”的协同创新平台上是不能够立项的，这也就回归到是否有足够的研发经费这一个风险及判定命题上来。

3. 回报高

一旦技术研发成功，实现了别人不能实现的技术创新，能够提供市场上没有的新产品（工艺、服务），其回报之大即可想而知。而且，如果这一创新（新产品）还具有好的商业模式，那么其在传统市场和资本市场上同时获得的回报真的会是巨大的数字。

四、“产”是引领，是方向

不论是“产学研”还是“产学研用”，产业需求都是主导。这意味着，要以产业需求为引领，要发挥企业的创新主导地位。企业的创新主导地位意味着，企业要敢于在科技创新上投入、敢于研发新产品。“产学研用”的模式优势在于，在企业单独承担风险和独享回报成功概率太小的情况下，提供了更为有效的科技创新、技术研发的可靠模式。企业能否在科技创新和技术研发上下定决心，是制约“产学研用”能否有效发挥作用的关键。回顾过去三十多年来改革开放、经济快速发展的历史阶段，我们会清晰地看到大多数企业不是靠科技创新和技术研发获得市场的，这是在当初市场不成熟、产品竞争不激烈的历史条件下自然而然的选择。然而，在新的建设创新型国家（城市）的历史条件下，在国家大力鼓励和扶持战略性新兴产业的政策引导下，在传统产业（产品）逐步面临淘汰的困局下，企业唯有走科技创新之路，下定决心实施技术研发新产品，才能在这一轮科技创新的浪潮中获得发展机遇。

五、“学”是技术成果资源，是高端人才储备

大学是科技创新重要的源头之一，并且，大学作为科技创新源头服务社会区域经济发展的作用也日益突出。大学作为技术创新源头，在技术、成果、人才乃至教育方面都拥有非常明显的资源优势，而这些恰恰是产业界开展科技创新最为缺少的部分，因此作为“产学研用”一体的结合创新方式，依托“学”所拥有的技术资源和人才储备，是企业开展创新非常有力的支撑和重要的合作伙伴。

第五节　要素：人才科技资本产业

2012 年全国科技创新大会的召开，提出了很多针对科技创新如何实施的新要求、新精神、新思路，特别强调了突出企业的创新主体地位，实施以市

场需求为指导的“产学研用”。在如何实施“产学研用”的另一篇文章中（参见《手段：“产学研用”相结合》），笔者总结了采用“人才＋科技＋资本＋产业”的科技创新模式。这篇文章将对此科技创新模式的有关问题进行分析探讨，希望能够为有关“产学研用”工作的开展提供有益的借鉴。

“产学研用”的核心要素包括“**高级人才、科技创新、资本运作、产业需求**”。离开这四个要素的有机组合和有效机制设计，“产学研用”还是不能够得以顺利实施，而正确厘清和把握这四个要素之间的关系是成功实施“产学研用”的关键。如图3－3所示，“产学研用”的核心要素是产业需求，这也进一步体现了科技创新中企业的主导地位和市场的引领作用。

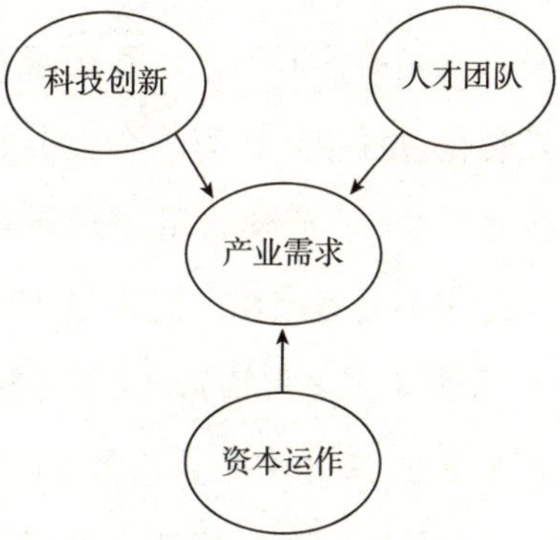

图3－3　产学研用的要素

首先，谈一谈四个核心要素深度融合的必要性。从20世纪90年代初期起，我国就开始大力提倡和扶持通过产学研结合的途径和方法，实施技术成果向产业的转移转化，以推进产业界的科技创新。随着时代的不断变迁、产业发展需求的不断调整、应用技术创新逐步向集成化协同化深刻发展、以市场为创新主体的格局不断形成，单一的技术作用、简单的“产学研”结合已不再适应这种背景下的科技创新。要满足这种新发展新需求提出的要求，我们认为要进行科技创新的系统性设计和诸多要素的深度融合。另外一个佐证是，2012年国家科技创新大会突出的新特点之一就是明确提出以企业为主体进行科技创新，实施“产学研用”，这是因为把握和跟踪产业需求是企业擅长和精通的。在传统的“产学研”结合过程中，部分忽略了“用”的引领和指导作用，一旦将这一重要的出发点和落脚点融入“产学研”过程中，四个必要因素的融合就形成了更为有机的整体。

其次，谈谈高科技技术成果转化的几个突出问题。高科技技术成果通常具有一定的技术超前性，走在产业需求的前面。但是，有很多科技成果技术水平很高，却没有市场需求，也就没有市场驱动力，产业方及资本方就不会下决心将有效资源配置到此成果的转化过程中来。技术成果形成后，其成果实施产业化的能力还是聚集在技术团队核心人员身上，脱离了技术团队人员的迫切产业化诉求和直接研发投入，仅凭技术成果本身的技术超前性和正确的市场需求，产业化过程也很难成功。决心通过产业化获得科技创新的成功产出，就必须有持续的投入。如果投入不足，那么所有投入很可能归零，将直接导致产业化失败。在转化过程中，还有一个重要的问题，就是各方对自己承担风险的喜好或者厌恶态度。“产学研用”必须承担一定的风险以及管理好风险，没有风险的产业化不会有产出。这也是市场的基本原则。很多时候，决策层对风险都是厌恶的（人之常情)，谈到风险或者完成风险的充分论证后，很多技术成果产业化的决策就不了了之了。还有一个隐含的要素，那就是合理的机制。从静态角度讲，为实施成果产业化需要组建团队、设置机构、安排预算、配置资源；从动态角度，要将上面这些内容有机组织以便形成有效的生产力，就需要建立相对应的合理的生产关系。维持这一生产关系最重要的要素也是机制。其中，包括合作机制、激励机制、运营机制等。

第三，探讨一下四个要素融合实施科技创新模式的路径和方法。当前经济和社会发展形势下，单一成果产业化很难。从技术角度而言，产业化过程中需要多学科交叉，需要多种关联技术成果交叉；从产品研制角度而言，单一科技成果发挥的作用不是全部，如果忽略技术成果产业化的经济性、稳定量产等市场化要求，产业化过程中会不断遇到未知的困难。四个要素的结合需要采取“协同创新、集成创新”，需要结合产业需求引导和资本运作，在很大程度上增加科技创新的成功概率。国家科技创新大会大力提倡“产学研用”，就是要求联合科技创新链条上的上下游部门，围绕市场需求，进行协同创新和集成创新。由产业界提出新产品、新工艺的特征描述；高校等作为研发机构，整合和配置相关技术成果和研发人才等资源；资本方（产业方）提供必要的产业化资金；共同依托产业化研发平台（孵化器），采用市场化的运作机制，从而形成有效的“人才＋科技＋资本＋产业”的科技创新模式。

第六节 关键：“产学研用”中人的组织

当前的大背景是，科技创新驱动已成为全社会、全世界的共识。科技创新驱动的要素总体上包括科技人才、科技成果、成果转化和企业创新四个方面。

而在全社会实践和开展科技创新驱动的过程中，在各个维度加倍努力、试图通过科技创新创造新的增长点的过程中，讨论得比较多的是“成果转化”的问题，总体认为通过成果转化这一方式手段，推动企业创新、产品转型升级、领先发展，是一条好路子。

通过细微的观察，对实际工作进行总结反思，对若干大比例失败的成果转化、产学研合作、校企合作的失败案例进行分析，我发现其中有一个特别突出的问题，即高科技人才的组织的问题。

成果与团队（Technology & Team）是密不可分的。简简单单的技术交易买卖、成果输出已经不再能满足当前企业创新驱动发展的难关的解决，也不再能满足通过创新实现长期可持续的驱动发展。所以，人是第一位的，以人为本，关注人的核心价值作用，成为越来越重要的课题和问题。有几个做法和思路，下面探讨一下：

一、依据高校科研人员的特点，以创新实验室为载体凝聚人

首先，高校科研人员不大可能（绝大多数）以市场效益、以产品经济性

为目标开展科研工作。一方面，诸如职称、论文、绩效等任务的驱动，使他们只能去做不断攀登科技高峰的事情；另一方面，术业有专攻，老师们的优势是研发，是建立实验室，是组织关键技术突破。为此，适当的投入、关键技术需求突破的引领、具有一定挑战的项目立项，有了这些也就有了更好的合作匹配度，就相对能够服务高校科研人员自身的发展，也就能够聚集很多的人才。

其次，“产学研用”合作的过程中，实验室的定位要有别于高校内部的实验室。学校的实验室有优势、有成果，但主要是在原始创新、探索创新、自由创新方面，并不具有明显的产业化目标指导（具体原因不展开论述）。而“产学研用”合作、校企合作的实验室，是往后续阶段的一个延伸，主要是开展应用创新、产品创新、技术改造等，具有明显的市场需求引导、经济指标、投入产出效益限定。

设立创新实验室，按照高校科研人员熟悉的逻辑和组织方式，凝聚人才、设立项目、协同开展工作，是非常有效的载体支撑平台。

二、依据创新实验室的定位，以有效的项目驱动人

用一句大白话就是：人得有事干；而“产学研用”合作、校企合作，得干双方协同一致的事，否则，就是一个空壳实验室，也可能仅仅是为了能够获得政府政策红利，为了设立而设立。所以，实验室要有项目，要既能发挥高校科研人员优势，又能面向企业、市场、需求发展需要的聚焦。

这个是难点。

首先，项目需要边界。这包括需求定义、方案论证、技术路线、系统开发设计、完工周期、投入预算、管理机制等。这些问题，全都需要明明白白地论证清楚，这个时候项目才算是“完整”的，而不是残缺的。很多时候，项目为什么烂尾，很大原因是没有界定清楚“项目”的内涵和外延。

其次，有项目有计划大家才知道劲往一处使。通常，在很多“产学研用”、校企合作的前期、中期，都不会出现很多的问题。问题往往出现在后

期、验收期。为什么？就是项目没有规划、没有计划、没有管理约束，大家本意上都很投入、都很负责，但奈何这样的方式是干不出项目结果来的。其中，确定的就是高校科研人员最不擅长的——项目运营管理，对于双方而言就是关公战秦琼，不在一个维度上。虽然此时是以科研创新为核心的项目，但项目运营管理的基本逻辑和方法是不变的，要求是相通的，因此企业的优势就应该融入和发挥到项目的管理组织中去。

三、依据企业的投入和产品的未来，以市场化的原则激励人

这句话的本质内涵是：企业是“市场的主体”“盈利的载体”。高校科研人员无论为企业做多少事情，最终的最大价值都要到未来的市场中才能够体现。试想，如果研发阶段企业没有能力投入那么大，或者故意不做必要的足够的投入，高校科研人员看到这样一个局面，会自己承担研发的风险、投入的风险，真心实意地与企业携手创新吗？应该是不会的，因为高校的科研人员的机会成本是很高的。

首先，有一个问题比较突出但受关注度不够，这个问题是“对价时间不匹配”：高校科研人员在研发阶段取得的成功，需要通过企业在后续市场开拓过程中再次取得成功，才算最终的成功。这个周期是好几年。那么，研发阶段取得了成功，高校科研人员的劳动付出如何计价、如何让人满意呢？其次，后续两三年后企业果真赚到钱了，愿意为前期研发人员提供利益分享吗？以什么样的量级、方式核算分享？还有更低一个层次的，企业不分享又如何？所以，高校科研人员一定希望得到按照他们核算成本的研发费用，但往往企业会遇到没实力、有怀疑、没把握的情况。如此，到最后，合作是谈不成的。

其次，把握一个原则，即“风险共享、收益共享、阶段分配”。风险在哪个阶段都有，比如：企业会面临研制的新产品没有市场、不盈利的风险，但是依据这些风险能压缩科研人员的研发成本费用吗？显然是不合适的。所以这里给出一个可能的方法：

——第一步：课题委托，少投入。解决正确性、完整性、先进性的论证、

研制，最多到原型系统（原理方案）等，解决联合创新研发，会面对失败或成功的大方向问题。好的时候，这个过程一笔带过，直觉是认为没有问题。事后会发现问题往往就在这个看似没有问题的阶段。

——第二步：项目立项，中等投入。解决产品（系统）的功能、性能的正确性、经济性、可靠性等问题，差不多到初试阶段，最多到中试阶段结束。

——第三步：产业化、大投入。解决市场的开拓、产品的推广、面对市场的风险、量产等问题。此时已经与高校科研人员没有太大关系，至少在一次迭代中就完成了。

在这个方法中，科研激励机制从第一步到第三步贯通考虑，这样就是风险共担、收益分享、阶段分配了。

第四章

各方还能够为创业者做得更好吗

个人创业是很多人的梦想和选择，即便事先知道会面临失败。而通过不断地失败最终取得成功，大体上也是必须经历的磨炼过程。个人创业不是创业者一个人的事，大则关乎国家社会经济发展，小则关乎一个家庭的幸福和睦。所以，社会各方还能够为创业者提供哪些更好的支持与帮助，从而使得他们在自己创业的过程中、磨炼的过程中、发展的过程中能够得到及时有效的支援帮助？这是需要政府部门、孵化园区、创业者自身都认真思考的问题。显然，好的环境、好的政策对创业者的帮助是巨大的。所以，如何为创业者打造以人为本的好的创业环境，是社会各方需要一起努力的重点之一，而不仅仅是瞪大眼睛看着他们去创业那么简单。

第一节　概述：个人创业浅谈

个人创业简单说就是“用知识和技能通过办企业赚钱”，而不是通过“打工”来赚钱。

个人创业的复杂性在于“赚钱”这件事情上，这是一件非常不容易的事情，是一个艰苦卓绝的过程。

在市场中“赚钱”，基本模型就是“买方—客户”与“卖方—企业”形成交易。能够实现赚钱（利润）的基本原则就是：在交易的过程中销售价格大于产品成本，形成利润。

当然，现在虚拟经济越来越发达，特别是创业融资的资本市场越来越发达，有人可以说“我不是靠卖产品赚钱，而是靠卖股权赚钱”，这只是一个“手段”，最终“目标”一定还是要落实到为客户提供的产品（服务）的价值创造上面。

现在，由于创新创业的社会大风气及就业形势的影响，越来越多的人准备走上“个人创业”这条路。实际上，这条路是最艰难的，它可以容下很多人但不能够容下很多人取得成功，这是最致命的——很多人做同样的生意，只有少数人才能赚到钱。有人会说，“我做的生意还没人想到”“我做的生意会开创新的市场”——这种想法是最不靠谱的。虽然很多星光闪耀的创业英雄们的确走通了这条路，比如马云，比如马化腾，但是这不是普通意义上创业者可以当作目标的。

个人创业的结果只有两个：“成功”或者“失败”，而“失败”注定是大概率事件，注定是绝大多数创业者的最终结局。那么，为什么还有很多人去创业？创业注定要失败还去做它，有意义吗？答案就是“失败是成功之母”，不经历失败而创业成功的，更为稀少。不被创业的失败所打倒、从失败中总结经验教训走出来的人，往往就大比例地提高了创业的成功率。所以，即便明知可能会失败，明知风险非常大，创业还是许多有才华的人的一条好出路。

关于创业过程中促使成功的运气成分的问题，我们没有办法论述和研究。运气就在那里，如同购买彩票，头奖肯定存在，总有人运气会那么好。好运气只会光顾更小比例的人，所以创业者的风险就更大了，如果运气不在你这一方，那么注定不能够成功，这是真的。

运气也可以称为“机会”。有句话说得好：“机会总是留给有准备的人。”所以，几乎所有的创业者都是在做“有准备的人”。问题在于，如何做才算是“有准备的人”呢？

一、创业者从性格上应具有一定的特质和优势

一是足够坚韧。当挫折、困难、打击、失败来临的时候，能够挺住，能够稳住阵脚，能够开动脑筋想到办法，做到这些并不容易。足够的坚韧才能做到坚持，才能做到始终向前。很多时候，“坚持”是创业者行动层面最宝贵的品质，往往只要能够坚持下去，成功的概率就会不断地提升，而支撑不断坚持的信念就需要在性格特质上具备极其坚韧的品质。

二是要有理想情怀。如果创业仅仅是为了“赚钱”，而不是为了某种具有一定格局的理想情怀，也是走不远的。赚钱是把事情做好的客观结果，但创业者的主观必须是立志做一件非常有价值、有意义的事，这同样是支撑创业者不断坚持下去的重要品质特征。

有以上品质特征的年轻人实在是不多。所以，计划创业的、正在创业的读者，首先应该分析一下自己在性格特质上是否具有一定的优势。

二、创业是需要资本的，没有资本别去创业

怎么讲“资本”呢？有很多维度、角度和内涵，我们简单分析一下。

一是年轻就是资本。这绝对是大多数创业者的资本和最有战斗力的资本，年轻不怕失败，年轻敢想敢冲，这个资本的确值得骄傲、值得好好把握，要用好它。当然，具有这个资本的年轻人太多太多，也不具有比较优势，而仅是创业的基础性的资本。

二是拥有具比较优势的知识和技能。这是核心关键资本。当创业者拥有超越平均水平甚至处于高水平的知识和技能时，他就具备了成为创业者的有效资本。

三是要有钱。创业是用知识和技能去赚钱，这没有错。但是，包括创业在内，金融资本是第一驱动力。没有钱，就不能去创业。很多创业者起步的时候都没有钱，但是必须能够在需要钱的时候找到钱，不管是银行的、投资人的、亲戚朋友的，总之找到钱才能继续往下做。有时为了钱，甚至不惜借高利贷来过桥，这往往极大地增加了创业的风险。对于很多创业者而言，可能还意识不到这个风险有多大。

四是要有人。人是第一位的，但是我们放在第四位来分析讨论。因为，组建合伙团队是需要条件的，当前面的几个条件具备了，按照需要组建团队是启动创业的最后一步。人的本性决定了组建团队在一起做事非常困难。这些本性包括：贪婪、恐惧、趋利避害、不愿担当等。我们可以判断，真正做到克服了人的本性弱点的人，即克服了贪婪、恐惧、趋利避害、不愿担当的人，才是真正优秀的人，也是最优秀的创业合伙人。

三、创业需要放手一搏的勇气和精神

很多时候，创业者自己也知道将会遇到失败和巨大的风险。如果以成功为目标，就需要拥有放手一搏的勇气和精神；如果过多以防范失败和风险为目标，就会时时留有余地、事事瞻前顾后。在一定会遇到困难的确定性面前，

只有放手一搏才有机会。我们前面讲的留有余地，指的是在创业之前设定好自己能够承受的失败的最大程度是什么，而不是在创业过程中再去向困难低头。放手一搏，就要求在自己设定的底线基础上，真正做到全力以赴、集中精神、不计得失。由于创业是如此之难，稍微在精神上出现恍惚和迟疑，失败的种子就会深深种下，结果也就早早地预言了。

四、创业需要冲动，但更需要理性

个人创业始于“想当然”、始于“无知无畏”，这的确是创业精神的一部分，而且是很大的一部分。如果事事料到、计算清楚，恐怕这么理性和聪明的人多半不会选择创业了。说实话，我看到的，没有冲动就没有冲劲。没有冲劲的创业者其实是伪创业者，也可以称为“投机者”。他们想用极小的代价博取成功，这便是投机。所以，在创业者中间，实质上存在很多的投机分子——不想真真正正地投入，却想获得可观的回报。那些最终创业成功的人，必然和必须是踏踏实实、认认真真做事的，必然是对所创之业高度认同、将其当作毕生理想的，不会怀有一丝一毫的投机心理的。

与冲动相对应，理性也是必须具备的素质。这好像在说“创业者既要特别感性，又要特别理性”。没错，的确应该是这样。靠感情去引领人和打动人非常重要，尤其是在创业团队的构建过程中；但是只有理性的认知，才能够兑换成工作的结果，才能转化成执行力和竞争力。做好二者之间的平衡很难。说实话，创业过程中哪有不困难的事呢？在决定是否创业的理性分析决策方面，提供几个参考内容：Technology & Team（技术与团队密不可分）、Idea（想法、思路）、Pattern（商业模式、盈利模式）、Plan（计划、规划、战略）。这几个方面考虑清楚了，在决定行动之前，还剩下另外一个要素了Cash & Capital（现金、资本）。

五、创业不是一种生活方式，绝对不是风花雪月的事

严重的创业失败将会导致重大的经济财产损失甚至其他不可想象的后果。

千万不要“喊着口号去创业”，创业关乎家庭幸福、个人健康甚至生活生命的质量，所以要慎之又慎，要留有余地，要留有后路。

在创业的过程中、在持续前进的道路上，创业者千万不能忽视的另一件重要事情就是“学习，再学习，不断学习”。

一是当队伍不断扩大的时候，驾驭能力的瓶颈就会出现。

二是在市场需求不断发生变化的过程中，企业的发展计划战略要随之进行调整。

三是在企业不断发展过程中需要进行资源整合的能力，要持续提升，使自己不断有能力借助外力。

四是企业做大的过程中一定会不断涉及诸如法律、规范、治理、财务、资本等方面的专业性问题，创业者要不断学习和掌握。现在关于创业者的培训体系还是很欠缺的，就是说针对创业者特征的培训并不存在，很多举着旗帜的创业者培训也还是以项目投资为目的、以摘取果实为目的，并不能够为众多创业者的发展需求提供成体系的知识与技能培训。相信这个局面会不断改观，创业者自身也要有充分的意识和自觉性，不断学习和提升。

第二节　动力：有激情才有梦想

梦想谁都有过，特别在年轻的时候、做梦的年纪更是如此；然而，能够始终如一、朝着梦想不懈努力的人并不多，或者说，随着年龄的增加会急剧减少。

梦想是对未来的一种期望，是通过一定的努力可以达到的一种理想情况；梦想也是一种让你感到坚持就是幸福的东西，甚至可以视为一种信仰。

> 梦想一旦被付诸行动，就会变得神圣。
>
> ——翟鹏飞

人类的幸福和欢乐在于奋斗，而最有价值的是为理想而奋斗。

——苏格拉底

我们观察到：人越是年纪小，越是富有梦想或者说理想；而随着年龄渐长，听到他们再谈梦想的机会就少了。这的确与激情有关。

从心理学上，激情是一种强烈的情感表现形式，往往发生在强烈刺激或突如其来的变化之后，具有迅猛、激烈、难以抑制等特点。人在激情的支配下，常能调动身心的巨大潜力。

我们也常常听到一句话："我怎么对什么事都没有激情了呢?"也有人说："我对工作失去了激情。"这反映了，离开激情对身心潜能的调动，人会变得十分消极和没有动力。

现在也有很多讨论和观点，说情商比智商对人的成功作用更大。如果沿着这个方向推理，可得出一个观点，即：激情比天赋和聪明更重要。我十分认同并能切身感受到激情在工作、生活、娱乐等过程中的巨大作用，尤其是需要进一步调动身心潜力的时候，更是如此。

但是，坦白地说，因为人总是在不断调整自己，并随着挫折和阅历的逐步积累而不断改变自己的认识和思想，所以对于大部分人而言，激情和梦想已经被残酷的现实磨灭殆尽了。

激情，不靠谱；梦想，不现实。这应该是当下很多人心里的观点。

但是，失去了梦想人类会怎样? 也就会变成行尸走肉了。

所以，要有激情，也要有宏伟的梦想。

乔布斯是如此出名，作为苹果公司的创始人之一，开创了一家伟大的公司。也许乔布斯不是最好的工程师，但他是最有激情的创造者，他的激情使他成为21世纪最富创造力的人之一。

谈到创新创业，可以说它是需要激情和梦想才能坚持的事业。

如果一件事有确定性的结论，那还需要研究创新吗? 当然是不需要了。所以，创新就是追逐未知的、不确定的、隐含存在的潜在价值，且往往需要经历失败才能取得成功。

如果一个生意有确定性的盈利，那还需要等到你来做吗？当然是等不到一个必然盈利的生意来做的。所以，创业就是追逐未知的市场或产品在巨大不确定性中隐含的潜在价值，这往往不容易找到。这不是头脑的问题，也不是资本的问题，这是机遇与趋势相结合的问题。

既然创新不容易，创业也很困难，就必须依靠激情来不断激发自身的潜能，依靠梦想的指引来坚持自己奋斗的目标，唯有如此才有可能支撑自己走下去，并实现自己的目标价值。

激情这么重要，但是也有一个很大的问题，那就是很多时候它来得快，去得也快。我们经常听到家长批评小孩子“两天半热乎劲”，说的是小孩子很容易对一个事情感兴趣，也很容易对一个事情失去兴趣。

其实，激情真的很容易受到打击。一个富有激情的人在心理层面受到打击而使得激情消退，这种影响其实是巨大和非常负面的。**富有激情的人一般比较能够抵抗这种打击，这也正好印证了强大的心理抗压能力是多么重要——保护自己的激情如此，保护自己的身心健康也是如此**。

我发自内心地希望，每个人都能善待身边那些有激情的人，因为他们是最有创造力的群体；特别是身为他们的领导上司，更有义务去这样做。

梦想这么重要，但是不太容易持之以恒地坚持下去。我们也常常听说过一句话：“无志之人常立志。”这显然是不行的。梦想贵在坚持，坚持也是一种人生品质。

梦想的确可以改变，也允许经常畅想。因为它有大有小、有远期和近期的不同。但是激情不能失去，因为它一旦失去，随之就是一切梦想的灭亡。

有激情才可能有梦想，有梦想才能成就理想人生。

创新创业的道路——如果你正在路上，你也应该会认同——是一条异常艰辛的路，是一条很难行进的路。

只有激情，是你一路走下去必不可少的伙伴。

第三节　环境：以人为本

社会发展进入了全新的以技术创新为驱动而发展的时代，技术创新在推动社会经济发展、创造新价值、提高效率的地位和作用等方面，日益受到重视。自2014年以来，国家反复强调和提倡“大众创业、万众创新”，开启了我国新一代创业浪潮的大发展时代，必将对未来产生深远的影响。这是最好的时代，也是最坏的时代。在大潮退去后，我们不希望看到曾被寄予厚望的弄潮儿原来只不过是在裸泳。而从“创业潮”到“创新潮”，需要的是少一点急功近利，多一些敬畏和智慧。

越是重视技术创新，越是依赖技术创新驱动，深层次上就越需要重视高水平的技术创新团队，依赖人的本质的创新精神和创新能力。“人才”是开启“大众创业、万众创新”新时代的根本要素。因此，**“以人为本”而不是把诸如经济指标、技术指标、成果指标、项目指标等当作支持和推动技术创新进而推动社会发展的工作原则和宗旨，是全部工作的本质和核心，即人在哪里、阵地在哪里、事业在哪里、创新在哪里。**

在大众创业、万众创新的引领和号召下，服务青年创新创业的载体平台如雨后春笋般，迅速设立和开展运营，但是这些载体平台多是从“经济”“资本”“科技”等角度探索和实践各种服务的内容和方式，缺少了“人文”关怀的部分，而这一点对于创业者的成长发展需求而言，是十分重要的。为此，在推动科技创新的过程，应该融入文化的创新，从而通过“科技创新 + 文化创新”的更为先进的模式，构建完善的创新创业服务环境，从而更为有效地服务创业者。

很多人已经发现，当今社会创新创业的主流是80后、90后。这一点变化背后的内涵是非常丰富的。人口的变化对经济的影响是根本性的，而随之发生的成长发展需求的变化也是需要引起高度重视的。以人为本算是老生常谈的话题，但也是需要时时密切关注的问题，因为人是第一生产力要素。考虑到这一点，在以“科技创新 + 文化创新”构建服务创新创业者的载体平台时，应该更多地关注“人”的要素的聚集，以及如何围绕这一点提供综合的人文配套环境。

现在的青年人创业创新激情已经被点燃，与过去的环境截然不同，他们所处的时代正是互联网引发的社会信息化的崭新时代，他们也更追求人生自我实现的多元化、多样化，既愿意尝试、敢想敢干，又不放弃对生活乐趣的追求。简而言之，如果能够将这些特点挖掘出来，并为满足他们的现实需求提供有益的环境和支持，那么这样的环境应该能促进他们在创新创业的过程中发挥最大效率。

通过“科技创新 + 文化创新”构建创新创业的服务载体和平台，也还需要通过更多的实践检验摸索更好的方法。

从以人为本的角度出发，我们将创新创业环境归纳为几个维度，并从硬件和软件方面加以建设和保障。下面分别论述如何实现。

1. 基本工作生活的需求

创新创业者的基本需求，也即所有普通人的基本需求，我们将之总结为工作和生活的便利、愉悦。为此，在建设创新创业服务载体平台的时候，人文关怀的第一个部分，就是关注创业者基本生活的需求。我们可以看到，很多开发区、孵化器，周边缺少了吃住行的生活配套，极大地影响了创业者的项目入驻和开展。

2. 创新创业的需求

创新创业的需求主要是指核心的资源需求，包括科研环境资源、产业资源环境，有了这些资源环境的配套，创新创业者的成长发展就有了孕育和发展的优质土壤。创新创业是失败率很高的，也是需要反复迭代的。因此，好的实验环境和扶持条件显得尤为重要。在新的环境要求下，为了帮助创业者降低创新创业的失败率，建议为孵化器等载体平台配置更高级别的科研、实验条件，这恰恰是初创企业没有能力去负担的成本投入。

还有一类需求是隐性的，目前没有被更多地关注到。这类需求是指“创新创业本身的技能和知识体系”的建立和培训。我们观察到，当前的类似培训和教育，比如商学院的教学培训、大学的教育培训等，都不具有鲜明的针对青年人创新创业知识体系和技能体系的特点。相信这是一个很快就会显性化的创新创业需求问题。

3. 个体成长发展的需求

当年轻人走上创新创业的道路时，其自身的成长发展也在同时发生。这个过程中，学的快慢、学的多少，对于其成才发展也是至关重要的。年轻人成才发展需要两个方面的基本素质能力提升：一方面是其自身知识技能的提升；另一方面是内心心智、自我意识不断成熟的提升。

青年人事业起步的时候，应该说在心理建设能力、抗压能力、处理复杂问题能力等方面还缺少经验和经历。当遇到创新创业发展不顺、需要强大内心精神和力量的时候，往往供给不足。为此，在规划构建青年人创新创业环境体系的过程中，不能忽略对青年人心理状况的把握和心理健康的培育。而心理问题具有极其鲜明的隐含性，不能够及时地显现出来，隐藏期也不确定。这一方面需要非常专业的培训和训练，同时也可以通过适当的减压娱乐来改善和提升。条件允许的情况下，可以考虑设置青年创新创业心理辅导中心、青年创业者减压训练基地等，尽可能地在环境体系内给予帮助和辅导。

以上是在这个时代背景的号召下开展的探索和实践，也还需要不断的思考和修正，着眼于以青年成才发展为本的环境建设的探索也是一项不断发展的事业。

第四节　评估：成长期企业健康评估

一、评估目标

在大众创业、万众创新的时代背景下，在科技创新驱动实施技术成果产业化的重要过程中，通过资本市场进行股权融资以及种子天使投资日益蓬勃发展，对于成长期企业价值评估的要求越来越精细，越来越体现系统化、科学性。

成长期企业的价值评估是非常困难的。成长期企业跨越“生死线”的比例越来越低，会有更多的企业不健康或者是死亡。投资和融资双方合理确定投资价格变得越来越困难。但是，从长期发展趋势和形式来看，投资成长期企业的机会窗口已经打开，未来持有成长期企业的原始股权是非常重要的投资手段和标的。

当前，基于传统财务分析的资产价值评估方法很难适用于成长期企业，对于成长期企业而言，其净资产、利润（率）、现金流、市场占有率、未来发展趋势等，都是很难计算其估值的。

因此，为应对以上的需求、满足各方对成长期企业价值评估方法的期待，我们提出“企业健康评估”的视角和维度，并研究了一套方法和实践体系，期望能够较好地解决当前对成长期企业价值评估过程中的全面性、综合性和穿透性问题，对企业创新、创业者融资、投资人投资等各方有所帮助。

成长期企业的定义：成长期企业是指一类刚刚设立、处于发展前期、产品处于研发设计阶段、市场还未打开、各项工作处于探索尝试的状态的企业。其主要特性包括：

- 核心团队规模不大，一般少于 5 人；
- 起始投资很小，一般少于 500 万元；
- 产品处于研发阶段，一般是有样品、测试版本或者处于初期试用阶段。
- 股权融资从未开始或者曾经有过少量的天使投资资金进入。

二、评估模型的设计

1. 4Q 指标的设计

我们在前期的研究工作中提出 4Q 企业健康评估的方法与实践，以此为基础针对成长期企业，试图在4Q评估模型的基础上进行方法的设计和指标的研究与筛选。

成长型企业健康评估4Q评估模型指标：企业的现金投入（Cost）、企业的能力指标（Capacity）、潜力指标（Potential）、环境适应和约束指标（Environment）四个方面定量定性的分析和评估。企业价值由4Q指标分别衡量，综合使用。

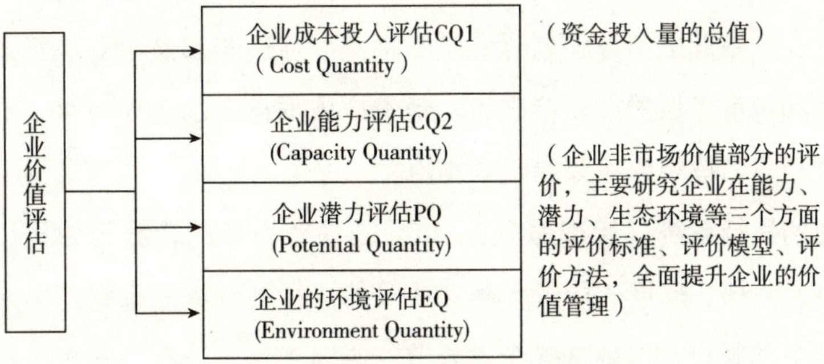

图4-1 成长期企业价值评估（2CPE）

2. 4Q指标之间的关系

- CQ1：企业的总成本投入核算和评估；
- CQ2：企业的能力情况，评估在1~2年内能够达到目标的情况；
- PQ：企业的潜力情况，评估3~5年企业能够达到目标的情况；
- EQ：企业适应环境的情况，评估企业所处的内外环境应对策略、规划和可能的应变措施等。

3. 企业的系统

企业里面的每一个人、每一个部门都不能超越企业而存在，同时每一个人和每一个部门都是维持企业肌体具有生命力的组成元素并发挥其功能作用，一个人和一个部门的功能和作用的发挥必须依赖其他人和其他部门的功能和作用发挥，这是将企业作为一个整体系统进行管理、观察、研究、评价的基础和要求。

因此，我们需要把企业作为一个系统来研究和对待，并强调和突出企业的系统性，全面审视和研究企业系统与外部环境的界面和交换能力等。而不采用传统管理方法中更多聚焦企业部门的研究方法和研究目标。

企业的决策系统（领导决策）。即确定企业的基本价值观，领导构建良好的企业文化，对企业各个分系统进行综合协调和管理，通过资源调配和政策制定，确保企业内各个系统的良好协作。亨利·明茨伯格（Henry Minzberg）强调经理工作对组织的巨大作用，指出经理在工作中担任的10种角色，并在此基础上将经理划分成了8种类型，这些都是企业决策系统中的重要角色和决策流程的重要参与者。他们应依据自己的工作特点，准确定位自己的类型，发挥组织决策的相应作用。

企业的执行系统（管理服务）。以企业决策系统的输出为依据，承担督查、督办、考核、反馈的职责，确保决策的执行到位。考虑到克里斯坦森指出的“良好的管理是导致这些企业衰败的原因”这一论断，在企业执行系统中，还有综合考核和评价是否存在一个执行实施“突破性创新”的职能部门。这一结论出人意料，但却非常合理。这些企业被顾客的意志所左右，勇于投资新技术，用这些技术向顾客提供更多他们想要的那种更好的产品；它们认真研究市场的趋势，系统地将资本投向那些可以保证最佳回报的创新上面。在这样的原则下，积极投资于突破性创新不是这些企业的理智的财务决策，所以绩优企业反而难以应对突破性创新。克里斯坦森提出了一套突破性创新原则，主要内容是：创建一个围绕突破性技术的新的独立事业部门，不受主流客户的左右，把自己融入那些需要突破性技术的产品的客户中。

企业的生产系统（加工研制）。在企业各类资源支持和保障下，以生产产品或服务为使命，体现企业的劳动生产率。1993年，迈克尔·汉默（Michael Hammer）与詹姆斯·钱皮（James Champy）提出企业业务流程重组（Business Process Reengineering，简称BPR）。与“劳动分工原理”和“制度化管理理论”等传统管理思想相比，BPR强调企业内充分发展与合作。生产系统完全受制于决策系统和执行系统，被动地接受资源的配置，自身主动权是最少的。

企业的营销系统（市场开拓）。以企业的产品和服务销售为目标，以市场为载体，实现企业生产价值和货币价值的转化。彼得斯（Tom Peters）认为：全新销售时代的来。传统的销售战略强调更多的是“我们的产品与竞争对手不同”，而未来销售时代将是与顾客合作的时代。要合作就要和顾客站在一起，为了顾客的利益销售，达成统一的目标、统一的战略，共同分享回报。

企业的免疫系统（防范和自愈）。对企业自身发展过程中出现的或潜在的问题及风险不断做出响应，体现企业经营发展的抵抗力。将企业当作有生命的物体是贯彻全局的研究指导思路，有些方面的确很像。企业有生有死，有老有病，也有进化和完善，一个企业短暂或者漫长的生命周期中，能够防范问题或者对出现的问题能够正确解决，才能保证长寿。对于任何一个企业而言，活着都是最基础的目标。企业是否处于“亚健康”状态，是否正疾病缠身，这种自身完善和抵御风险的能力，我们统一归结到企业免疫系统的功能和责任方面。

4. 评估的模型（4Q－5S）

以4Q指标为目标，以5个系统为评估切入点，设定成长期企业健康评估的模型。企业健康评估的最终实践，还需要进行评估要素的设定，这是一项艰巨的任务，即选择或者不选择哪些要素作为5个系统的必要属性，同时对于已经存在的事实给予定量或定性的分析方法设计，都是非常有挑战的事情。

表4－1　评估指标和要素的模型

评估指标 / 企业系统	CQ1	CQ2	PQ	EQ
决策系统（领导决策层）				
执行系统（管理服务层）				
生产系统（加工研制层）				

续表

评估指标 企业系统	CQ1	CQ2	PQ	EQ
营销系统（市场开拓层）				
免疫系统（综合防范和诊治层）				

一是实现了把2CPE四个指标与企业系统的对接，找到主要责任人和责任部门，并能够逐步进行分解；二是实现了二维度的企业综合评估以及以系统为维度的企业责任设计。

三、成本分析评估（CQ1）

表4－2 成本分析评估

一级指标（要素）	二级指标	CQ1	说明
决策系统	总投入资金额	CQ101	企业当前投入的资金总额
	成本节俭因子	CQ102	判断创业者是否节俭，是一个主观判断指标
	月均成本投入	CQ103	计算企业存续期内总金额除以总月份的平均值
	人均成本投入	CQ104	计算企业存续期内总金额除以当前总人数的平均值
执行系统 生产系统	成本控制能力	CQ105	判断企业创始者控制成本的意识、能力和对未来资金需求的计算和把握努力，主观指标
	产品研发投入占比	CQ106	揭示产品投入占总投入的比例情况，一般主要是人员费、材料费等
	业务管理费投入占比	CQ107	正常的房租、水电、办公等费用
	其他费用投入占比	CQ108	其他费用
营销系统	营销费用投入	CQ109	开展营销的投入，前期一般比较低，根据不同公司行业情况判断优劣
免疫系统	免疫系统建设投入	CQ110	这个在成长期不是十分清晰，主要考虑纳入包括专利保护、知识产权申请、核心团队激励等维持门槛、维护稳定性的投入总额。希望这个指标能够揭示创业团队的风险意识和防范反映在资金方面的能力，可以协商核算投入额度

四、能力评估（CQ2）

表 4－3　能力评估

一级指标（要素）	二级指标	CQ2	取值	说明
决策系统	CEO 能力	CQ201	0—100	
	CTO 能力	CQ202	0—100	
	发展规划	CQ203	0—500	企业发展规划主观量化评估，分值占比高
	股东股权比例结构	CQ204	0—500	主观判断标的公司创始人股权比例的合理性，分值占比高
	产品定位评估	CQ205	0—1000	企业发展的核心指标，分值占比更高
	股东会议情况	CQ206	0—100	查看股东会记录，给予评价
	商业计划	CQ207	0—1000	科学合理的商业计划能力主观评估
	用户需求定位	CQ208		
执行系统 生产系统	产品研发能力	CQ209	0—500	
	产品研发计划执行情况	CQ210	0—100	查看工作计划与进度的对应情况，综合评价
	运营管理能力	CQ211	0—100	
	产品成熟度	CQ212	0—1000	主观评价改产品的成熟度 0—100% 期间，乘以 1000
营销系统	品牌策划能力	CQ213	0—100	开展营销的投入，前期一般比较低，根据不同公司行业情况判断优劣
	市场策划能力	CQ214	0—100	
	推广能力	CQ215	0—100	
	营销模式	CQ216	0—1000	主观评价按照 0—100% 评估，乘以 1000，计算分值
	盈利模式	CQ217	0—1000	主观评价按照 0—100% 评估，乘以 1000，计算分值
免疫系统	对主要困难的判断能力	CQ218	0—1000	主观评价按照 0—100% 评估，乘以 1000，计算分值
	对竞争的认识	CQ219	0—1000	主观评价按照 0—100% 评估，乘以 1000，计算分值
	对失败可能的判断	CQ220	0—1000	主观评价按照 0—100% 评估，乘以 1000，计算分值
	对总体其他风险的认识	CQ221	0—1000	主观评价按照 0—100% 评估，乘以 1000，计算分值

五、潜力评估（PQ）

表 4－4　潜力评估

一级指标（要素）	二级指标	PQ	取值	说明
决策系统	CEO 的潜力	PQ01	0—300	
	CTO 的潜力	PQ02	0—100	
	团队的潜力	PQ03	0—500	
	股东会或董事会的潜力	PQ04	0—500	
	产品的未来规划	PQ05	0—1000	
生产系统（加工研制）	研发人员潜力	PQ06	0—100	
	高素质人才结构潜力	PQ07	0—100	
	技术水平潜力	PQ08	0—100	
	技术应用突破机会	PQ09	0—100	
	产品升级潜力	PQ10	0—100	
营销系统	市场潜力	PQ11	0—5000	主观评价分值
	开拓市场的潜力	PQ12	0—1000	主观评价分值
	营销提升的可能	PQ13	0—100	根据营销方案评估
	潜在客户	PQ14	0—100	调研、论证
免疫系统	对潜在竞争的判断	PQ12	0—500	主观评价按照 0—100% 评估，乘以 500，计算分值
	未来竞争模式的判断	PQ13	0—1000	主观评价按照 0—100% 评估，乘以 1000，计算分值
	对 3～5 年后最大挑战的判断	PQ14	0—1000	主观评价按照 0—100% 评估，乘以 1000，计算分值

六、环境评估（EQ）

表4-5　环境评估

一级指标（要素）	二级指标	EQ	取值	说明
决策系统	产业环境	EQ01	0—100	企业所处产业环境状况
	区域环境	EQ02	0—100	企业所在区域社会经济状况，特别是人才、资本的密集度
	国际环境	EQ03	0—100	企业是否与国际经济形势相关
	企业家精神	EQ04	0—500	塑造企业文化，创立优秀的企业文化氛围环境、员工工资环境、员工对企业的认同等
	政策环境	EQ05	0—500	企业产品及服务与政策相关性和受影响评价
执行系统（管理与服务）	工作环境	EQ06	0—100	
	管理制度规范	EQ07	0—100	
	培训及调研了解外部情况变化	EQ08	0—100	
	管理规范及效率维护环境	EQ09	0—100	
	员工认可度	EQ10	0—100	
生产系统（研发与制造）	人员流动水平	EQ11	0—100	人才流入预示企业环境吸引人
	跟踪先进技术发展趋势	EQ12	0—500	沟通交流，进行评价
	产品销售端环境发展趋势	EQ13	0—100	产品与市场需求间，存在延迟，对待环境影响下的需求变化产品研发端的感知情况
营销系统	渠道或模式的趋势演变	EQ14	0—100	特别是在互联网+的情况下，对企业营销的正反两方面影响
	竞争者的情报掌握	EQ15	0—100	大家都在朝什么方向改变营销策略
	社会环境的变革，消费者习惯的变革等营销适应	EQ16	0—100	需求和消费者一直在变化

七、评估的使用

1. 指明方向

通过4Q指标体系（尽管很多还是主观指标），为成长期企业健康评估提供更科学的线索方向，能够实现“管中窥豹可见一斑”的效果，避免“盲人摸象，各执一端”的情况。并且，这些指标对应到不同行业、不同公司，可以进行有针对性的修改。也就是说，本方法的重点不在于目前指标的科学性，而在于如果4Q的逻辑和五个系统的划分能够站住脚，那么对于成长期企业的评估就会上一个台阶。

2. 评估建议

建议根据评估标的公司的不同，进行充分的沟通论证，给出标的公司提供最密切相关的指标体系，然后对内容项进行评估。评估的过程中，也不能做到客观，因此在主观评价的过程中给出的分值偏差会比较大。为了规避这种偏差，有两种方法：一种是增加评估的人数，抵消个人主观差异；另一种是进行行业和领域的数据统计分析，给出行业的基准，然后进行加加减减。

评估的数值给出后，可以通过讨论进行修正，数值的影响因子通过“最大值”的方式来体现，这个根据具体情况也可以调整修正。最终的数值，主要是启发最终的投资者进行总体全面的评估，避免出现严重漏项的评估，它一般能在完整性方面给予较大帮助，在精确性方面帮助不大，这也是因为成长期企业的价值本身就是高度不确定的。

第五节　载体：孵化器+

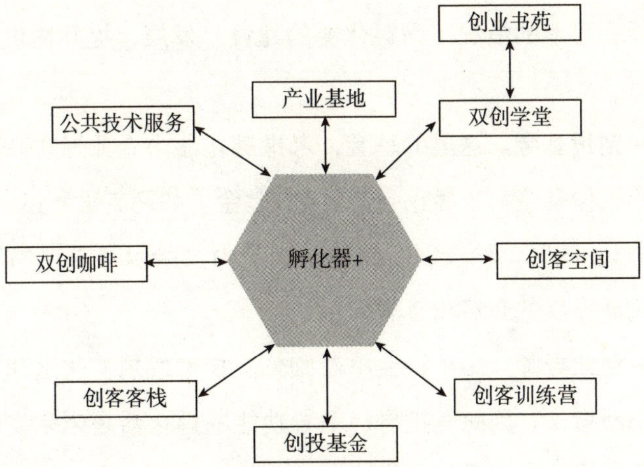

图4-2　孵化器

科技企业孵化器是培育和扶植高新技术中小企业的服务机构。当前，中国科技企业孵化器的发展处于从经典型的综合性孵化器向现代多种类型的专业孵化器发展的转型时期；由政府投资建立的公益性孵化器扩展到政府、大学、研发机构、企业、投资机构独立或合作建立的社会公益性、非营利性或营利性孵化器共存的多元化发展；由单独依靠科技资源的方式向依托科技资源与产业资源相结合的方式转变；由在高新区内建立向以高新区为基地辐射到任何有条件的地方发展；由只建立孵化机构向建立以孵化器为核心，以网络为手段、吸引创业资本、相关中介服务机构和研发机构共同参与的孵化体系过渡。

纵观我国孵化器发展的近30年的历程，我们可以真切感受到不断变化以及近十年来飞速发展的趋势。特别是在“大众创业、万众创新”（简称“双创”）的时代感召下，在80后、90后担当创业主力军的人才特质特征指引下，在以服务“双创”载体不断创新及日益多元化的情况下，我们提出并探讨“孵化器+”的概念和内涵，希望进一步探讨和解决孵化器同质化严重、过多过滥的趋势问题。

那么孵化器应该怎样转型升级，专业化、精细化地服务“双创”活动，更好地培养培育高科技创新型初创企业呢？结论就是“资源聚集”“要素聚集”“服务多样”。由此，借鉴互联网+的思绪，引入和提出孵化器+的思路和方法，以便在可能的情况下为孵化器的建设、发展、提升提供一定的借鉴和参考。

孵化器+创投基金。这里的基金，考虑孵化器内企业形态和成熟状态特征，主要是指天使基金，当然也会需要VC基金。如马克思所述，“金融资本是第一驱动力”。同时，科技创新是第一生产力，所以寻求“力”的叠加和融合，是孵化器发展的必然和必需。

孵化器+创业导师。由于行业不断细分、技术发展变化迅速、创业群体规模和诉求不断增长，因此有指导、辅导功能的孵化器是未来发展的必备要素。通过创业导师的言传身教，能够大大提高创业的效率、成功率。

孵化器+双创学堂。青年人创业，不可否认，很多是始于“想当然”和“无所畏惧”。勇气固然可嘉，但是如果能够通过专业化、针对性、接地气的“双创”培训，比如设立“双创学堂”，用足培训的杠杆推动作用，那么对于创业团队而言，多数情况下就是雪中送炭。通过对体系、方法的训练和指导，奠定创业者的综合优势，从而实现从单一优势向综合优势的演变，提升创新创业过程的科学性和针对性。

孵化器+文化创新。孵化器是科技创新向市场产品转化的有效载体，在这个过程中，随着时代的发展变迁，更多的是要不断关注创业者“人性”需求本身。随着物质生活的不断改善，青年人创业从简单的创富诉求变成一个更高层次的自我实现、精神追求，这是社会发展的必然。所以，文化创新与科技创新的结合，是符合当代创业者的人性需求的，也是孵化器走向具备人文关怀的发展趋势的内在驱动力。这个“+文化创新”的维度，从我们的观察点来看是最弱的部分，难点在于，文化创新与科技创新的交叉融合过程中，空白点比较多，研究和实践非常少，而且文化创新的部分也不是目前大多数孵化器运营者从业人员所擅长的。

孵化器+创新载体。这类孵化器里面，最典型的就是大学科技园。它们依托大学自身的创新载体和资源优势，在面向孵化器内团队和企业提供服务的过程中，具备独特的优势——实验室。试想，孵化器内企业和团队在研发和制造的过程中，能够借助大学内的专家、仪器、成果，那么这种增值服务是非常难能可贵的。而且，从更大范围即区域创新发展的角度来看，比如硅谷、中关村，正是周边丰富的创新载体资源，成就了这些世界级的产业培养区域空间。

孵化器+聚才阵地。我们用白话表述就是“人在阵地在”，一个区域、一个园区，如果不能留住人特别是留住创业者（而不是由很成熟的企业入驻租赁空间），那么孵化器将无项目可孵化。现在，对人才的竞争已经到了白热化的程度，各个地区的孵化器纷纷给出各种可能的优惠政策，希望引来“金凤凰”，但又嫌贫爱富，不愿意也没有足够的能力为更多的人才提供优惠帮助。所以，面对这个形式，不要考虑什么项目，也莫欺少年穷，就是把人喊来、引来、聚集起来，哪怕更多的只是驻足一下，都会具有比较优势。谁有办法“聚才”，谁就有更多可能性来“聚财”，这正是孵化器、园区、政府的所盼所需。正所谓，得人才者得天下，也包括普通的年轻人。

延伸开来，谁能够做足孵化器+的内涵，谁就更有可能做得更好。

第六节　人文：创客客栈文化的探索

创客被认为将是大众创新、万众创业的终极支撑和推动力。深圳市政府也提出将深圳打造为创客之城，给予了领先全国的重视和支持。在服务和组织创新的实际工作过程中，有一个问题一直萦绕：“我们还能怎样为创客们做得更好，还能给予他们哪些更切实际的帮助，还能为他们不平凡的人生道路选择给予什么样的实质性支撑?”由此，将视野扩展到了创客创新之外的，特别是对其最基本的人文关怀与关注的领域和维度，提出并实践了创客客栈文化的内容形式与载体建设的探索。

在古代离家的行路者眼中，客栈是临时的家。“未晚先投宿，鸡鸣早看天”，这是古时客栈大门上常见的对联，浪迹天涯的游子看到这样的对联就会觉得在凄惶中寻觅到了安身之所。在现代，我们看大理客栈文化经过多年的实践和发展，有了什么样的经验凝练呢？在展现大理的魅力时，文化一直是他们的一张“大牌”。大理客栈文化从原始的住宿需求已经进化和演变为一张文化的大牌，其展现的文化非常包容：客栈是家；是交朋友的会所；是读书、养心的场所；是充满隔膜的都市人在乡村找到的心灵交流的平台；有时还是“医院”，是快节奏时代被多种压力折腾得喘不过气的人自我疗治胸闷的场所。在过去，您能想到大理客栈文化承载这么多的人文情怀吗？

在这个时代，人们对精神与文化的追求逐步超越了对基本物质的追求，这也是他们做出选择的重要指标，对于现在创新创业主力军的 80 后、90 后而言更是如此。创客以及其他创新创业者，都是人生旅途中的行路者。他们落地深圳后的第一驿站如果是一个凝聚和彰显创客文化精神的场所，是方便创客会友的场所，是能够提供读书养心的场所，是帮助支持其创新创业的场所，甚至也是“医院”——治疗他们在创新创业过程中遇到的各种郁闷的场所，这将是多么美妙的第一体验呢？

从创客衣食住行的第一层次需求满足出发，打文化和精神牌，对于在新形势下吸引更多创客源源不断加入当地，是一项很重要的举措。在满足了第一层次的需求后，他们才有精力干别的；只有满足好了第一层次的需求，他们才能有更多精力追逐更高层次的需求。应服务好不断增长的创客群体，并通过各种文化的凝练和彰显，打造独特的创客文化“大牌”。

创客客栈应该是创客的家，是他们的精神家园。打造创客客栈，一是聚集大量创客；二是满足创客第一组需求中特性特质的需求；三是满足创客们的社交诉求；四是提供比较纯粹的相关文化知识技能的书籍等；不一而足。

创客客栈应该是创客们交友汇聚的场所。就如同早几年的 3W 咖啡以及

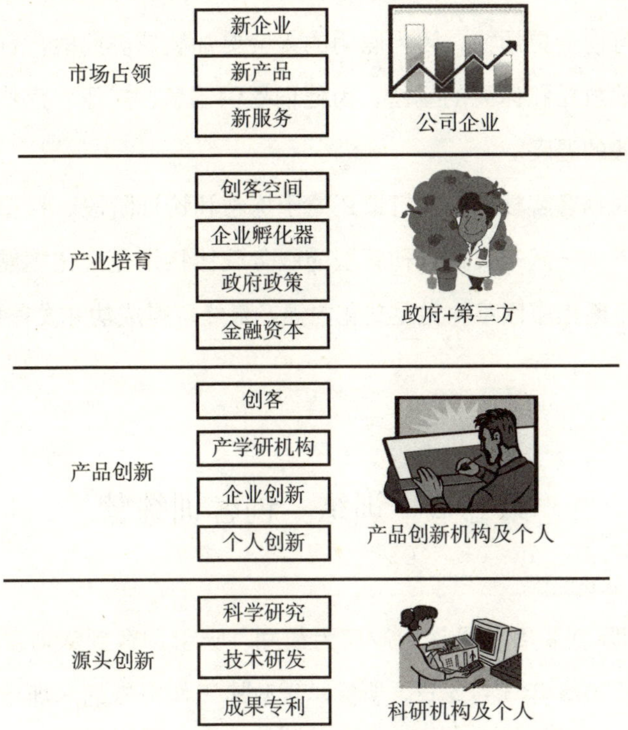

图 4－3　产业创新体系

现在的创客咖啡，实际上就体现了这个功能。“创客咖啡＋创客空间＋创客客栈＋公共技术服务＋工作生活保障”的综合服务体系建设，将有可能推动目前的服务体系从理念和行动上进行升级。这是因为，创客咖啡没办法提供创客们的第一层次基本需求，人散人聚形不成有效阵地，如果能够有条件形成上面说的综合服务体系，创客交友汇聚将会是另一番天地。

创客客栈更应该是他们事业发展的第一个台阶。创客们漂泊在这个城市中，在他们第一站落地之时，如果有这样的具有文化和精神内涵服务的创客客栈，就如同好的开始等于成功的一半，能够让创客们更加喜欢深圳，创新创业发展也会更加顺利。创客们有了“家”，有了“伙伴”，就会更快乐，他们的事业发展也会从更好的环境和起点启动。

创客客栈也有可能成为创客们疗伤、慰藉、喘息的场所。创新创业者将会面临很多的困难，遇到太多的失败，需要忍受挫折与煎熬。他们不可能不烦恼，甚至可能会更烦恼，因为聪明的人会更加敏感。此时，创客客栈可以成为他们灵魂放松和休憩的场所，为他们提供喘息、减压、疗伤的空间，有如雪中送炭般的温暖。

目前，对创客客栈文化的打造还处于探索和论证阶段。希望不断有各方来关注和投入，一起来实践这种新型的服务载体特别是文化主题内涵，通过不断探索、不断克服困难，做足文化内涵，最终取得成功并发挥积极作用。

第七节　训练：创客训练营

“深圳国际创客周”是深圳政府为鼓励、吸引创客到深圳发展设立的重要常设活动。2015 年 3 月 5 日，听完总理政府工作报告的深圳市长许勤谈到“创客”时表示：“深圳要为有志于创新的青年提供‘折腾’的环境、‘嘚瑟’的舞台”。如今，深圳已经确定要在每年 6 月份专门设立国际创客周，吸引全球创客。作为深圳市长，许勤能讲出“‘折腾’的环境”“‘嘚瑟’的舞台”这样接地气的语言，值得钦佩和点赞。

在政府如此开明的支持下，不到一年的时间里，深圳的创客空间已遍地开花，相信“折腾”的环境、“嘚瑟”的舞台会越来越多、越来越新颖。也有的人说这过于浮躁了，的确有这种可能。但是，没有这么多广泛的参与和创新创造，就不是深圳了。深圳精神文化的骨子里流动的就是超强的创新创造的血液。

深入观察成功的创新创业者，其中有一个重要的背景要素，就是兴趣。青年人起步的时候，大多是为了兴趣、为了好玩，然后逐步走上了事业发展的轨道。缺乏兴趣这一要素支撑的创新创业者，很难走得太远。而 80 后、90 后这一批创新创业者中的年轻人，兴趣与勇气是他们最自豪的资本。年轻无敌。

形式与内容互相作用、互相推动，不断变化、不断进步。传统的素质拓展训练、营地训练已经被广大企业家和创业者所接受，并乐此不疲地参与其中。面对这样的形势，构建和运营一种更适合创客们“折腾”和“嘚瑟”的环境舞台，也存在必然的需求，我们称之为“创客训练营”。按照青年人的语境，创客训练营要“酷到底、嗨翻天”。针对这个认识判断，创客训练营应该还要能够实现创客的聚集、创客文化的传播和创客们足够的“折腾”与“嘚瑟”。

为此，以创客训练营为载体（比如室内 CS 为形式），以“文化、减压、协作、竞争、好玩”为内涵，创新打造构建新的形式和载体，设计和实践满足创客们诉求的创客训练营，存在着一种可能、体现着一种先进性。这种通过“内涵”建设，延伸和扩展传统载体的方法，既有效地传承了创客们的兴趣爱好，又有针对性地接入了时代背景下创新创业者的精神诉求，让创客们“折腾”和“嘚瑟”得有文化、有价值、有促进，相信会有很好的示范和引领作用。

同时，我们会在社会学的一个层面看到，创客也好，创业者也好，走的都是一条艰苦卓绝的人生发展道路。他们是一个相当聪明智慧的独特群体，当然他们会更加敏感多愁。由此，他们心里承载的压力远大于普通打工者。他们在发展的过程中，随时都有可能遇到困难、挫折和失败，也一定会受到极大的心理冲击，处理不好则会产生健康状况问题。创客训练营通过尝试，组织专业的社会学训练和科学的心理干预辅导，以及正常的身体力行的运动训练，有助于改善和改变创客的心理健康程度，也有助于提高创客的各项减压抗压能力。这是非常现实的问题，只是由于我们的文化比较忌讳心理问题的碰触，所以变得讳莫如深。

创客训练营的内容设计是重要考验之一。充分把握年轻人特点，突出文化品位内涵，辅以高水平的社会学心理学培训，创造轻松的氛围环境，提供必要的创业空间支持及创新创业辅导，从而构建非单一维度的新型的“创客空间”，必然能够对接广大创客们“折腾”和“嘚瑟”的诉求，也必然有助于吸引全球创客汇聚、留驻、发展。

第八节　素质：创新创业教育

当今时代是青年创新创业的“大航海时代”，是开启未来国内经济新常态发展的崭新时代。特别是在国家积极倡导的“大众创业，万众创新”的感召和政策支持下，可以预见：将有一代甚至几代青年人投身这个时代发展的创新创业大潮中。然而，潮起潮落，弄潮不易。

在新的创业时代背景下，知识和创新作为重要的力量，愈发地体现出其作用的倍增效应。我们判断，满足和适应这个时代青年人创业的知识和技能培训体系前所未有，过去的理论及知识体系、传统商学院的教学内容，不再适合年轻一代的弄潮儿们创业发展的迫切需求。这个时代呼唤崭新的创业创新知识和技能体系的构建和发展。

从时代背景特点和当前青年创新创业需求出发，研究和设立青年创新创业教育的培训体系、课程内容和实施载体是一件非常重要和有价值的事情，我们可以将这种服务载体统称为“青年创新创业的黄埔军校”，或者拟定一个名字叫“青商学院”，它与传统的商学院院有很大的不同，这里仅是借鉴一下这个称呼。

当前的确是创业的最好时代。

大众创新、万众创业的政策支持，以信息技术特别是互联网技术为主要创新驱动力的创业门槛不断降低，财务投资、产业基金等社会资本日趋发达，新三板、科创板的设立再加上原有主板 IPO 的投资退出机制等一系列的社会背景，使创业达到了历史最好的时刻。

当然，创业也不是容易的事情。

随着创业道路的拓宽，走上创业道路的人会越来越多，这条路上能够容下的创业者也越来越多，在此基础上我们可以初步判断，取得成功的比例会有所下降，也就是在绝对值上，会有更多的创业者面临失败、面临挑战。

站在“失败是成功之母”的角度，我们宽容失败、鼓励创业。

因此，如何提高成功率、如何从失败中充分汲取教训，为取得成功的探索，向前有效地推进一步，系统化的创新创业教育培训是重中之重。

创新创业教育培训什么？我们总体概括就是培养创新创业者为满足发展所需的综合素质。

在任何领域，知识、技能、素质等都是做事情的关键基础。对于创新创业而言，同样如此。

2015 年可以称为“大众创业、万众创新”的元年。在这个时间节点上，很多人走在创业的道路上，处在摸着石头过河的情形中。社会发展到今天，在信息高度发达的背景下，仅仅靠“摸着石头过河”是远远不够的，能够充分掌握和使用信息是非常关键的。

对于创新创业教育，我们提出几点具体实践建议供参考使用。

表 4－6　创新创业教育内容概要

科目	核心	辅助
企业创办	股权设计	商业计划设计，商业模式设计
企业创新	商业模式设计	技术成果转化 协同创新 技术创新
知识培训	企业管理（聚焦成长型企业）	财务知识 法律知识 营销知识
技能提升	团队建设	团队协作 个人心理 演讲与口才
经营管理	企业健康 （聚焦成长型企业生命周期过短）	能力评估 潜力评估 环境评估
资源整合	战略伙伴计划	社交 交流 沙龙

续表

科目	核心	辅助
资本运作	成长型企业的投资融资	社交 交流 沙龙
商道模拟	私董会	
专项培训	智能硬件 移动互联网 电子商务 青年投资人	

表格中，我们重点提出几个科目。其中，股权设计是初创企业设立时最为关键的核心内容；商业模式设计和选择是创造企业可行性论证的重要目标和手段；企业健康这个提法是比较新的，主要关注到成长型企业的平均生命周期都比较短，在这种情况下类比人的身体健康体检的概念，导入企业健康评估的概念和方法，具有一定的探索性，指向性价值是比较明显的；在资本日趋发达和规范的今天，专门针对成长型企业并且站在创业者的角度，系统地掌握投资融资的技能和机会，显得尤为重要，借用一句俗话“没有钱是万万不能的”，对于初创的企业而言，可能每天都会遇到这个问题。

最后，我们提倡更多有能力在这个领域做出贡献的从业人员将视角聚焦到创新创业的特质上来，通过系统的研究和提炼，有效地为青年创业者提供针对性、实效性强的培训内容，将有可能对他们的发展起到催化和倍增的作用。同时，也会为参与到创新创业教育这项事业中来的从业者提供崭新的发展空间。

相信随着创业浪潮的席卷，随着供给与需求方的不断碰撞，以“青年创新创业黄埔军校”为内涵的创新创业学院将会不断涌现。通过参与各方的努力，特别是不断创造新机会、新知识，青年创新创业教育将会成为推动社会创新发展的重要推动力之一。

第九节　催化：寻求帮助是重要能力

一根筷子轻轻能折断，十根筷子牢牢抱成团；一个好汉三个帮；三个臭皮匠赛过诸葛亮。这些民间谚语俗语说的大体都是人多力量大。

作为青年人，在求学进步、创新创业、工作发展过程中，恐怕很多人都期盼过有贵人出现，从而找到取得成功的捷径。

事实上，这样的贵人在大多数情况下是不会出现的。

所以，在这里分析一个现象，总结一些做法，希望能够给青年人的发展成长提供一定的参考和指导。

有意识、有能力寻求别人的帮助，是一项提高自身、做好工作、发展成长的重要能力指标；同时，也可以实现“自助者，天助之”。

我们从制约这种能力的提升和阻碍这种意识形成的情况入手，加以分析和探讨：

1. 好面子

很多时候，人都好面子。但是，如果你遇到了困难，想要解决这个困难，在困难面前就要放下面子。俗话说，死要面子活受罪。仅仅因为好面子，保护自己的形象，而不去寻求帮助，不能够及时有效地解决自身遇到的困难和问题——这种情况时有发生，而且比例还比较高。什么是面子？面子是自己挣来的，不是别人给的；而自己挣回的面子，是因为你有这个能力。所以，通过寻求别人的帮助，把事情做好、得到经验，就是在做挣面子的事。“敏而好学，不耻下问”——天资聪明，且不以向别人请教他们认为很低端、很简单的问题而感到羞耻，也可以认为是对这句话的一种侧面理解。

2. 怕麻烦

找人帮忙解决自身遇到的问题，表面上是给人添了麻烦，所以很多人踌躇不前。比如，有的学生不愿意找老师问问题，觉得给老师添了麻烦，可是普天下有怕学生问问题的老师吗？再比如，有的员工不愿意找前辈问问题，觉得自己的事情找别人帮忙，一定给别人添了麻烦，殊不知“教学相长”，在帮助你的过程中，给予帮助的人自身也有很大的机会得到提高。更为重要的是，**由于互相之间帮忙，实现了充分的沟通，对以后的合作或者双方的发展都会产生良好的影响**。既然是麻烦事而对方还肯帮忙，就说明你值得帮，也说明帮你的人值得交往。从这个角度看，这也是人与人之间测试真实友谊的试金石。你提出需要帮忙，对方答应更好，不答应也无所谓，能有什么损失呢?

3. **不自信**

从心理成熟与健康角度来思考和分析，不自信是制约很多人积极向外寻求帮助的主要障碍。除了因为担心失面子，也因为担心被别人认为没有能力解决问题。其实，是否自信对于一个年轻人而言非常重要。年轻人有朝气，初生牛犊不怕虎，这种情况下的自信有很多时候是盲目的；所以，保持一定的谦卑又兼顾自信，是非常值得年轻人去努力的。自信是有基础的，一方面是坚定地认为自己能行，另一方面是清醒地认识到自己的不足并愿意付出努力去改变；在这两种情况下，一定能够自信起来，也一定能够在遇到问题和困难的时候，积极主动地寻求他人的帮助和指导。

4. **想不到**

有时候跟年轻人交流，说到某个问题，他们会说“这个事没想到要去问别人、找别人帮忙啊!”这是因为，年轻人阅历还是不够丰富，分析判断很多自身面临的问题时，容易出现偏差。在无意识状态下，会认为事情就应该跟自己想象的一样，等到出问题了，回过头来看，才发现大相径庭。也有一些情况发生后，以“想不到”为借口。

5. **没思路**

能够提出问题，能够总结困难，并讲得明白，这也是一项重要的能力。因为没有思路，一团乱麻，致使事情找不到好的解决方案、贻误时机的情况也并不少见。这种情况下，就需要“前移”一步，就如何分析当前遇到的问题和困难寻求别人的帮助，借助外力分析自身可能存在的问题和困难。接下来，进一步地针对梳理和对焦的问题或困难，寻求帮助，推动问题的解决。没思路是大问题，不仅仅反映在有无意识和有无能力寻找外部力量、解决自身问题这个事项中，还基本上是区分平庸和优秀的分界线。

6. 好像懂

似是而非的情况很多，有时也的确很难做出区分，这一点在年轻人发展成长及创新创业的过程中尤为突出。其难点是，从表面上看，怎么选择都对或者都有问题。所以，一旦面临这种纠结的情况，要进一步问自己：事情真的是我想的这样吗？要有意识地向外寻找力量，帮助自己分析和判断当前的情况。好像懂，这种情况真的很普遍，对这样的情况给出有针对性的意见建议，在接受层面上也是有难度的。所以，不断提高自己的修养、素质、认知，把握自己的思想和心声，是做出正确选择的基础。

还有一种情况，就是刚愎自用。我们不在这里展开讨论，只略做提醒，以避免发生。注意，这种心性的人，会有很大的发展障碍。

最后，要特别提醒一下：仅仅是愿意问问题、能够主动寻求帮助是远远不够的，千万不要忘记了自身成长发展的本源。在这之前，需要反复思考和判断：自己是否已经充分看清楚问题和困难，是否真的一点办法都没有了。换句话说，随随便便地提出问题和找人帮忙是极不可取的。自己的事情，永远离不开自身的努力付出，靠别人帮忙不是做事的根本。**寻求别人的帮助，仅仅是在关键节点上取得突破的有效方法之一。**

第十节　生命：成本与利润

创业者，也包括各类企业家，应当像珍惜自己的“生命”一样，珍惜企业的成本与利润；失去了对成本最严格的控制、对利润最精细的盘算，企业的生命就会流逝并走向终结。

企业的唯一使命就是赚钱，赚不到钱的企业，自然不得不关门歇业。这个不难理解，但不容易做到。

一些创业者自己创办企业的时候，多数对成本控制并没有深刻的认识。

我们算一笔小账来看看成本控制的妙用和关键：

假定一个企业经营纯利润为10%，这是不错的纯利润了，对于大多数初创企业而言，在早期的两三年内，还不一定有净利润。如果该企业通过成本控制，在某一个事项或者某个年度少支出1万元，其情形反映在销售额方面的压力，会同比减小10万元。换句话，少支出1万元，对于这样的一个企业，就形同多销售了10万元。**特别是对于创业企业的初期，节省1万元是容易做到的，而取得哪怕10万元的销售成绩都是困难的。**

我们可以进一步分析，对于任何一个企业而言，节省开支、控制成本，少支出1万元是容易做到的，比如少几次饭局、办公面积压缩10㎡、少买两台电脑等。而一个企业增加10万元的销售，并不意味着一定能够获得1万元的纯利润，因为此时需要产能配套、售后保障、市场竞争等的影响，有可能为了完成新增的10万元产品或服务的供给，赚不到钱甚至赔钱。与此相对应，省下手里已经存在的1万元成本，则是非常容易的事情了。1万元不多，但是我们如果将这个数字放大10倍、100倍，则意味着节省10万元、100万元，而进一步通过市场销售额进行补偿则需要100万元、1000万元的销售额了。所以，控制成本、节省开支对于任何一个企业而言都是无比重要的。成本控制、节省开支，直接反映的是利润的保障。

对于希望通过不断加大规模效应来获得快速发展的企业而言，更不应该忽视对成本的控制。因为处在这样状态下的企业几乎进入了亢奋状态，认为每一笔现金的投入都有美好的未来预期，等待着收割实现。而事实上有相当比例的企业，就是在规模扩张的道路上无法坚持而倒下去的，再也没有起来。

相对企业自身能力而言，进行大比例的现金投入包括融资投入，最大的风险是现金流枯竭。一旦银行停止放贷、经济形势发生转变，那么企业将无法运转。还有一种情况，企业通过经营产生的利润，很可能刚刚能够支付银行的利息。在这种情况下企业其实就是在为银行的贷款打工，企业无法产生向前发展的资金投入了。这样的企业，由于盲目地投入扩展，本来好好的生意可能也做不下去了。所以将企业的资产负债率（预判）和企业的经营利润率（预判）×销售总额放在一起衡量考虑，对于是否融资扩大生产规模和投入会有一定的帮助。

三百六十行，每个行当都有无数的竞争者存在，每个行当都有相对公允的利润率。当一家企业的成本控制低于行业平均水平时，这家企业必然会倒闭；而当一家企业的成本控制高于行业平均水平时，则这家企业至少不会倒闭，机遇好的话，还能够得到快速发展。

成本控制相对是容易的，利润的获得更加困难的；另一方面，仅仅靠节省成本是无法推动企业发展的，只有不断地获得利润才能推动企业发展。而企业试图获得利润，必然要做好投入、增大成本，这是基本的经济原理。当然，风险也不是一味地不好，企业还需要适度地冒一定的风险进行选择投入。风险问题是另外一个与利润密切相关的重要问题，这里不准备展开说明，留待读者自己通过其他的文章和案例去领悟和把握。

利润作为超过成本价格的余额，由两个要素决定，一个是成本，另一个是商品价格。获取利润有两个基本途径，一个是垄断，另一个是低成本。当企业处于垄断地位时，可以自主确定商品价格，此时的利润是丰厚的。处于垄断地位的不一定是垄断企业，比如苹果公司对手机价格的定位就是一种垄断价格。这说明，在技术上、专利上、品质上达到一定的层次后，可以设定垄断价格并享受垄断收益。

而显然，大多数企业并不能够取得如同苹果公司一样的市场垄断地位，所以它们只能以低成本的方式获得利润，即在市场认同的价格范围内，通过控制成本实现产品利润。针对这种情况，还有一个衍生的扩大利润形成机制，那就是规模效应。在单件产品利润固定的情况下，通过不断扩大规模寻求绝对利润额度的提升。显然，每个企业都会这么做，其结果是导致在竞争中处于不利地位的企业出现库存增长、产能过剩，最终导致利润快速下降，甚至发生倒闭歇业的情况。从这个角度也可以看到，正确地、准确地做出成本投入控制，对于企业还是第一生命线，而通过生产经营获得足够的利润，则是企业的第二生命线。

利润是产品或服务的剩余价值，反映在劳动生产中，直接受到企业的劳动生产率水平限制。

所以，提高利润的本质做法就是提升企业的劳动生产率。

提高劳动生产率的若干做法中，最能够创造跳跃式发展的方式就是科技创新，最能够提升企业盈利能力的途径就是提升企业科技创新能力。唯有科技创新能够“无中生有”，实现对同行业企业的超越，甚至获得一定程度的垄断收益。

创造价值才有价值，也才会有利润。价值的创造也需要通过创新的方式方法来实现。这个过程却不是完全必须依赖科技创新的，还有很多其他的创新，比如流程、工艺、组织、销售、服务等。总之，通过创新的确非常有可能获得行业平均水平以上的利润，这也是为什么当前会涌现出很多的创新型企业、很多的行业“颠覆者”。

没有利润会怎样？现在很多的创业型企业，并不惧怕没有利润的状态，没有利润也在不断地投入发展。实质上，没有利润是不行的。今天没有利润，那么明天就必须有利润。也有很多极端的案例，没有利润也发展得很不错，比如一批国外上市的互联网企业，它们眼前没有利润（利润为负），但是销售额巨大，使得资本市场投资人愿意对其进行投资。以此为参照，没有利润，也必须有不断增长的销售额、不断增长的市场占有率。所以，不能把没有利润等同于没有销售额，没有盈利模式。

没有利润，还希望进行投资发展，那只有由外部投资人来承担企业发展投入的责任。这种情况下，企业也就是通过股权增发，不断获得资金注入，从而实现企业发展所需的投入。这听起来非常符合逻辑，也非常美好，但是，请相信投资人的智慧，他们最终看的一定是企业的盈利能力。也请仔细地看看当前的市场环境，股权融资环境虽然越来越好，但是对企业盈利能力以及最后产生利润的可能性和能力的审视也变得更加严格。仅仅靠PPT、原型产品系统就想获得不断的投资是不现实的，必须拿市场份额和销售额来说话。

在形成有效利润之前，在苦苦等待投资人注资的过程中，没有二话，还是老老实实做好企业的成本控制才是上策。企业只要生存，就一定还有机会。

冒的风险越大，收益的可能越大，这句话没有错。但这不是常态选择。企业的所有者需要好好想一个问题：自己是否赔得起？如果赔不起，就不要赌那么大。是的，在巨大风险面前选择投入就是一种赌博。我们可以在很多成功学案例里面看到赌对了的成功企业家，那是因为所有赌输了的都不会被历史记录。2015年，发生在股市上融资炒股的事件应该会被历史所记录，很多人赔进全部家当。当风险来临的时候，再聪明的人也很难控制，失败的结局早已注定。

最后，再一次强调，成本是企业第一生命线，利润是企业第二生命线，风险防范与控制是第三生命线，创新是第四生命线，把握和跟上趋势是第五生命线。

在当前形势下，企业需要不断寻求以创新（不仅仅是科技创新）为核心的竞争力提升，确保企业不倒闭。

总之，在成本与利润的方程式中，企业时时刻刻要想的就是如何赚到钱，也就创造了社会价值。

第十一节　检视：是团队中的英雄还是狗熊

前面提到了践行文化创新与科技创新为一体的创客训练营的载体平台探索，也创造性地提出将对战游戏和团队协作训练进行有机结合，这里就其效果、作用进行深刻的展示和总结，看看在娱乐之中是否成就了团队文化和创客创新目的。

是团队中的英雄还是狗熊，在训练营一试便知？

[案例1]

在具体实际训练营训练中，组建了两支创业者队伍，他们都是创业企业的合伙人，俗称老板。我们简单描述为红队和蓝队，每支队伍为8人。红队还有一个特殊的地方，其中有5名女士。双方进行真人对抗训练。

大家先闭上眼睛想想可能的对抗结果。

实际训练的结论可能出乎你的预料：最终获胜的为女士居多的红队。是不是没想到?

其实，我们并不想强调女士在红队中的特殊作用，而仅是想揭示看似弱小的红队获胜的秘密，因为这很令人好奇。

我们简单分析一下：

（1）在两队的输赢背后一定有原因。

（2）在两队中，群体和个体的表现应该有左右输赢的要素。

（3）特别的是，红队的女生队员甚至对蓝队的几个男士进行了“围剿”，这说明哪里出了问题。

（4）在对战的博弈中比拼和考验的是什么从而导致了差异?

（5）大家看重对战中的输赢吗?

访谈发现，大家是十分看重对战中的输赢的。

那么，我们对上面的其他几个现象背后的本质问题进行一下探讨，看看能否形成一些启发性的结论。

（1）导致团队输赢背后的原因核心是：勇气和协作。

（2）在团队中影响群体和个人输赢的要素是：信任和奉献。

（3）在女士将男士集中“围剿”的背后，是女士的危机感强于男士的危机感，还有，男士的团队缺乏冒险精神。

（4）在对战博弈的过程中，比拼考验的是：勇气和奉献。

好了，也许上文不足以完全解释两组创业团队的现象本质，但可以看看总结出来的几个关键词是否对创业者有借鉴和启发的价值。这些在对战中体现出来的关键词包括了勇气、协作、信任、奉献、危机、冒险。我有理由相信，这足以说明两队在对战中的成败表现的核心内容。我也能够进一步推论，在创新创业的过程中，缺乏以上精神内涵是不可能创业成功的。

[案例2]

这个案例的特点主要是人数比较少，只有5人。这时的游戏规则就是乱战，最终留下来的人为胜利者。

在寻访中，我们反复听到中途退场的人员提起，他们还有很多子弹没有使用就被拿下了。

对于这个现象，我们也做一个交代分析：

由于是乱战模式，人人自危。

在人人自危的情况下，什么人或获胜几率大？

这就应了一句俗话："狭路相逢，勇者胜！"

通过这个模式更为简单的对战训练游戏，我们想着重跟创新创业的青年们强调一下勇气的重大作用。

试想，沉浸在模拟战场的训练环境下，有勇气的人可能会更积极地寻找别人的漏洞、更清醒地做出判断、更勇敢地选择行动；相反，缺乏勇气的人，恐惧感会加强，心跳会更快，思维和判断会慢上几拍。虽然是游戏，这些生理现象仍然自然而然地产生。

所以通过游戏可以检视自己的勇气。

在这个案例中，我们不是要映射回现实的工作生活中，人是否真的缺乏勇气。我们只是想通过分析研究，表明通过训练认识到勇气与自信的作用。

勇气也可以训练。

我们欣喜地看到，通过对战训练，能够部分地提高训练者对勇气的感受、对勇气的把握，乃至进一步提高其在工作生活中的勇气，也就是经常说的富有冒险精神、敢闯敢试、敢为天下先。

所以，开展团队训练，找找英雄找找狗熊，从而进一步有针对性地做好团队建设，体验创客训练营的真人对战，是一个好办法。

第十二节　忠告：几乎所有的事情难都难在“谁做”

创新创业，创办企业，乃至其他各类事情，总会遇到很多困难，这些困难有时候会阻碍事情发展甚至导致事情失败。其中，一定存在客观原因，但更主要的是人的问题，是主观的选择问题。比如，为什么没有提前发现客观风险并及时处置呢？如果这样进行梳理，到头来，还是人这个方面出了问题。

人是把事情做好的终极要素、第一要素、基础要素，怎么重视都不为过。

世上无难事，只怕有心人，这也指向了在突破困难的过程中个人努力的重要性。

非常现实和普遍的情况是，哪个行当没有困难？

种橙子难不难？

我们以褚橙为例：

2002 年初，褚时健因严重的糖尿病获批保外就医，回到家中居住养病，行动限制在老家一带。保外就医后，褚时健与妻子承包荒山开始种橙，这个起点难不难？75 岁的褚时健已经不再是当年的“中国烟草大王”，更不是红塔集团的董事长，而是刚从监狱里保外就医的老人。回到家乡，褚时健承包荒山种褚橙，每天穿梭在云南哀牢山上的橙园里，细心培育着自己的果树。直到 85 岁，褚时健的橙子才终于进入北京市场开始销售。种植十载，不屈不挠，褚橙的美味远近闻名，这位老人家也从人生的谷底再次攀上了高峰。八旬老人成为人们众口称道的励志典范，因为褚橙的故事，普通的冰糖脐橙也被人们叫作“励志橙”。这个创业故事背后，我们看到的是人的精神、企业家的精神、不屈不挠的创业精神。

再以华为为例：

任正非，作为中国最有影响力的民营企业家，他开始创业时难不难，又靠什么取得了成功？

1987 年，44 岁的任正非集资 21000 元人民币，创立华为公司，网上流传此时他还有 200 万的负债。

为了活下去，任正非自己创办公司。在起初的两年时间，公司主要是代销香港的一种 HAX 交换机，靠打价格差获利。代销是一种既无风险又能获利的方式，经过两年的艰苦创业，公司财务有了好转。但增加的经济收入并没有用来改善生活，而是继续被投入经营。当时任正非与父母等亲人住在深圳一间十几平方米的小屋里，在阳台上做饭。父母经常在市场收档时捡菜叶或买死鱼、死虾，以此来维持生活。

一个 44 岁的男人，被国企南油集团除名，曾求留任遭拒绝，还背负 200 万债务，老婆又与他离婚，他一个人带着老爹老娘弟弟妹妹在深圳住棚屋，创立公司。没有资本、没有人脉、没有资源、没有技术、没有市场经验，看谁都比他强，就这样一个人，成功逆袭，用 27 年时间把公司带到通信行业世界第一的位置！这样的人生，这样的创业经历，堪称传奇。这种凝聚在创业者身上的创业精神是取得成功的基础。这个过程中起决定作用的也是任正非本人。

乔布斯之于苹果公司也体现了一个人影响了一个企业、一个产品的传奇。

1976 年 4 月 1 日，乔布斯签署了一份合同，决定成立一家电脑公司。1977 年 4 月，乔布斯在美国第一次计算机展览会展示了苹果Ⅱ号样机。1997 年，苹果推出 iMac，创新的外壳透明设计使得产品大卖，并让苹果渡过财政危机。2011 年 8 月 24 日，史蒂夫·乔布斯向苹果董事会提交辞职申请。

苹果的产品在IT界是独一无二的。虽然IBM发明了电脑，微软把电脑带给了所有人，但苹果改变了电脑（当然还有手机），这就是创新。但乔布斯是永远不满足于一款产品的，无论何时他都只想着创新再创新。当你拿到一款苹果产品的时候，摸到的和看到的都是乔布斯和他的团队的心血。在使用它的时候你才发现乔布斯的确改变了很多人的生活方式、生活态度。

有人说乔布斯是偏执狂、独裁者，也许真的是这样才成就了世界上独一无二的企业和产品。换言之，这大概也是因为乔布斯是世界上独一无二的人——技术上的偏执狂、独裁者。

以上故事背后体现的人的关键作用是不是具有普遍的启发意义呢？我们又有多少人原本站在更好的起点上创办企业，但最终不能成功呢？进行对比总结后，我们认为还是人的差别导致了最终结果的不同。

我们在这里还要再重复这句话：世上无难事，只怕有心人。

也再次强调一遍：几乎所有的事情难就难在“谁做”，而“怎么做”则是第二甚至第三个层级的问题。一切困难都是等待着勇敢者来突破的，“机会都是伪装成困难存在的”。

怎样才算合格的创新创业者呢？

1. 是不是一个善于“打开局面的人”？

一个人如果不善于打开局面，是不能够做创业者的。创业者所面临的最大问题是一切的不确定性。这一点会让很多人望而却步，会让很多人中途荒废。当然也不是每个人都是适合创业的。所以，第一个要问问自己，是不是一个善于打开局面的人，是不是一个对不确定性并不反感甚至充满憧憬的人，是不是一个有“梦想”的人？

梦想是动力的源泉，是一种能够从潜意识里充分调动全身各种机能的动力源泉。梦想的确很重要，如果有人说自己没有梦想，这种情况是罕见的，其实是丧失了追逐梦想的勇气。每个人都有梦想，这需要激情来激发。所以，在梦想的背后和前端，也应该是一个有激情的人。

2. 是不是一个具有“冒险”精神的人？

冒险是创业者的标签，我们不应该因此而嘲笑他们。没有冒险精神就不是创业者，如果形式上还在做创业者的事情，也实在只能是一个投机者。冒险精神需要自我保护，也需要社会来呵护。因为很多人特别是在各种体制机制里面的人，不容易表现出冒险精神，这样的人一般会被认为成事不足败事有余，从形式结果来看也大多的确如此。

3. 是不是一个能够执着“坚持”的人？

对于创业者而言，不论其是对是错，都需要实践来检验，都需要时间来检验，而且有时检验的时间周期会很长。这需要做出独立性的判断，并执着坚持地采取自己认同的行动，其他任何人都不能代替。坚持是不容易的事情，做到执着持续地坚持的人，通常能够更接近自己理想目标的终点。

4. 是不是一个“肯学习”的人？

对于普通人而言，大家都接受“活到老、学到老”的理念；而对于创新创业者而言，学习是如此的重要，非得掌握和实践不可。这包括自身修养的提升；思想认识的提升、综合素质的改善、有关知识技能的提升，换句话说：不能改变自己，就不能创新创业。谈及改变自己，这又是一个极具难度的事情。其中有一个指标，应该提一下，就是应该是一个喜欢读书的人，书是人类最好的朋友，知识的海洋任你遨游。

如果，事情真的失败了，结果很严重，该怎么办？

这个考验的依然是人性。

失败是成功之母，所有取得了成功的人都绕不过失败。面对失败，真正能够站起来的人才算是有勇气、有能力，能够经得起打击、经得起考验。

失败的确很可怕，但更可怕的是面对失败的自我放弃、自我否定，要放弃在客观原因方面去找理由找借口，失败一定要从自身找原因，这可能就是

“失败是成功之母”的钥匙。

几乎所有的事情，难就难在谁做，至于怎么做，有了合适的人就都好办，都会想到办法，都会创造出比较优势。有了比较优势，就能够实现创新超越，也就能够相对理想地实现对问题的破解。

自己创业抑或选择合伙人，不解决是“谁”的问题，就是盲目的。必须要回到“谁在做、谁准备做”，只有把这个问题看清楚了、回答明白了，才有后续、才有未来。这也就是创业团队重要性背后的内涵。

这个思考和分析对于不是创新创业者的个体也有一定的启发，不论从事什么工作，多从自身、从人的方面找找原因，如果这些原因不能改善，最后将是徒劳无功；一不留神，做得更多，更可能是成事不足败事有余的角色。

最后一句话是：难者，不会；会者，不难；要从修炼自身能力的角度不断反思、提升自己，成为会者。

第十三节　破题：不入虎穴焉得虎子

创新创业者要想取得成功，会是什么样的境况呢？我们比喻为“不入虎穴焉得虎子”，也就是说，凡取得成功的人，都是冒了很大风险、破解了创新创业道路上的一系列难题、最终成功达成目标的人。

用这样的角度和语言来表述是想强调，要想成功，就如同“探虎穴、得虎子”，困难和风险巨大。

对于这个情况，我们分成三个主要场景来描述。

首先，是明知山有虎偏向虎山行。

这一点，我们不要嘲笑创新创业者的无知无畏，也不要嘲笑创业者的胆大妄为。他们知道困难有多大，却偏偏采取了明知山有虎偏向虎山行的行动计划。

每一个合格的创新创业者都知道，自己是在虎山行，并且，不畏惧这个过程面临的危险、风险，所以他们是值得尊重的，他们的失败更是值得宽容的。

若不知自己处于这样的境况，仅仅是想当然而缺乏论证和计划，其行动则是盲目的。这种情况是不能赞成的，需要有人及时指明、帮助、引导，使他们要么退出虎山行，要么明确知悉会遇到什么样的老虎。

虎山上的老虎是不是很可怕?

的确是危机重重的，所以作为创新创业者以及社会相关部门，一方面要时时刻刻地帮忙提示风险，另一方面也要时时刻刻地帮忙提升素质能力。这样一降一升，才能够帮助创新创业者务实而不是盲目无助地上虎山。

俗话又说："老虎的屁股摸不得!"所以，在这个场景里面，创新创业者要问问自己，敢不敢摸老虎的屁股? 如果不敢，那就不要去创新、创业了。这个道理也是相通的。

其次，是扫除一切拦路虎。

这里指的是创新创业过程中的大大小小的困难，这些拦路虎有几个方面:

一是心理素质。创新创业者的心理素质尤为重要，是极其重要的创新创业品质，包括勇敢、淡定、抗压、沉稳等。心理素质是第一关，这一关过不了或者无意识，那么在遇到拦路虎的时候，多半就是吓得不行、乱了套了，创新创业也就失败了。

二是能力水平。扫除拦路虎，不能靠蛮干，要依靠能力水平。这个要深入地分享一下。所谓能力水平，不仅仅是商业计划书描述的如何正确，也不是所谓的技术先进性、市场开拓能力，而指的是打开局面的能力、掌控全局的能力、处置重大困难的能力等与技术无关的能力素质。创新创业起初谈得最多的是技术因素，而在这里我们反而更多要考虑一些非技术因素的其他能力水平。

三是坚韧坚持。扫除拦路虎，坚韧坚持也很重要，这一点我们反复提了多次。这是因为，既然是能够成为拦路虎的困难，就意味着不会轻而易举地解决，也意味着不太可能一次性彻底解决，更意味着背后还隐藏着巨大的压力和风险等。面对这样的拦路虎，或者说遇到过这样的拦路虎的人，都会有共同的感受，那就是坚持、坚韧是破题的非常重要的品质。

很多时候，打不败拦路虎的创新创业者，主要的表现就是虎头蛇尾，开始得轰轰烈烈，结束得悄无声息。

最后，则是不入虎穴焉得虎子。

这个场景就是创新创业者经过一路的磨难，即将抵达成功的目标、获取成功的果实时的情况了。当破解了这一难题，成功也就在望了。

要想破解创新创业过程中的各种难题，最后的考验就是“敢不敢入虎穴”。

勇敢和冒险是创新创业者的标签，也是为创新创业者从头至尾提供动力的保障之一，在关键时刻不能迟疑犹豫、畏首畏尾，只有这样才算真正能够去破解各种问题和困难。

说不入虎穴焉得虎子，我们想展现的是创新创业者所处处境的悲怆、危险和一往无前。

成为创新创业者，要想取得成功，道路的终点就是龙潭虎穴了。也只有这样的险境，才有成功的花朵和果实。如果不是这样的险境，相信也没有太多采摘的意义或机会，因为它太容易而没有足够的价值。

我们希望能够传递这种认识，并向创新创业者清醒地提示，秉承“不入虎穴焉得虎子”的精神气质，最终才能够取得创新创业的不平凡的成就。在遇到困难和挫折的时候，这一精神气质有心理暗示的作用，有平复情绪波动的作用，有为人不断鼓起前进勇气的作用。

树立这种精神和勇气的人，才是一名真正的创新创业者。

第五章

企业如果像人一样生病了怎么办

企业像人一样会生病。比如，缺少创新的企业会表现为“营养不良”，缺少现金流的企业会表现为“败血症”或“白血病”，决策层出现问题也可以类比为人类大脑出现的某些疾病。当然，还不能这么简单地定义企业的健康和疾病。所以，如何从健康的角度，结合西方管理学的定量优势和东方企业管理的定性特点，对企业进行诊治，从而检查到企业的疾病并对症下药，是未来中国企业不断做得更好的一个理论和实践探讨的重要议题。这里尝试给出了企业的健康描述、评估方法、病症改善，也谈了企业最重要的隐患是缺乏企业文化所支持的精神，精神不好百病来袭。

第一节　防病：企业有病乱投医是不行的

引子1：

据《史记》载，魏文侯曾问扁鹊说："你们三兄弟中谁最善于当医生?"扁鹊回答说："长兄医术最好，中兄次之，我最差。"文侯说："可以说出来听一听吗?"扁鹊说："长兄治病，是治于病情未发作之前，由于一般人不知道他事先能铲除病因，所以他的名气无法传出去。中兄治病，是治于病情初起之时，一般人以为他只能治轻微的小病，所以他的名气只及于乡里。而我是治于病情严重之时，在经脉上穿针管来放血，在皮肤上敷药，所以都以为我的医术最高明，名气因此响遍天下。"这便是后人津津乐道的扁鹊三兄弟的故事。

引子2：

我们的研究中说了很久的一个类比：即企业也是一个生命体，也像人一样生各种疾病。在出现明显症状前，企业的疾病也有潜伏期；在出现明显的症状之后，企业就开始到处"求医问药"。贯穿始终的，是企业健康体检的一系列思想、概念、理论、实践、方法和验证等等的工作需要开拓。然而，目前出现一些企业家有病乱投医的情况，也出现一些组织、机构趁企业健康出现问题乱开药方。其实，很多时候，专家只是精于自身狭窄的专业领域，并不能综合治疗企业的病。由此，我们可以看到随着时代的发展，企业的病征越来越严重，企业的健康问题日益突出。

引子3：

扁鹊见蔡桓公，立有间，扁鹊曰："君有疾在腠理，不治将恐深。"桓侯曰："寡人无疾。"扁鹊出，桓侯曰："医之好治不病以为功。"

居十日，扁鹊复见曰："君之病在肌肤，不治将益深。"桓侯不应。扁鹊出，桓侯又不悦。

居十日，扁鹊复见曰："君之病在肠胃，不治将益深。"桓侯又不应。扁鹊出，桓侯又不悦。

居十日，扁鹊望桓侯而还走。桓侯故使人问之，扁鹊曰："疾在腠理，汤熨之所及也；在肌肤，针石之所及也；在肠胃，火齐之所及也；在骨髓，司命之所属，无奈何也。今在骨髓，臣是以无请也。"

居五日，桓公体痛，使人索扁鹊，已逃秦矣，桓侯遂死。

上面几个引子的启发，与众多企业家的广泛交流、亲眼目睹大量企业有病不得医的痛苦，加上多年来的理解、实践，使我深感忧虑。以下重点要谈的是如何预防、诊治企业的病，如何避免有病乱投医或者庸医误诊的情况，如何做到早发现、早治疗。

从引子中，我们先看看有哪些启发：

第一，疾病重在防患于未然。从人体健康的角度来说，"防患于未然"的理念已经普遍得到社会的认可，其标志就是越来越多的人——不管身体有没有症状——会定期进行全面体检。这说明人们知道，在没有生病的时候做些体检是非常重要的保养措施和手段。而涉及企业健康，这一理念目前提得还比较少。

第二，疾病发现得越早、诊治得越早，预后越好。在涉及人体健康的情形下，这一点无需赘述，很多人都有深刻的体会甚至教训。而涉及企业健康时，我们很少听到"企业生病了"的说法。目前社会上的各种说法，多是讲"企业有问题了"，其实就是企业生病了。按照生病的逻辑来定义、定位，显然比泛泛地讲“企业有问题了”更有指引性和创新性。

如果能够明白和认可“企业生病了”并采取早发现、早诊治的手段和措施，一定也是能够产生非常好的效果的。当前的窘境是，没有一种类似于人类健康和疾病医治的体系作用于企业的健康和企业病的医治。

最后，重病的诊治非名医不可。扁鹊三兄弟的故事、扁鹊见蔡桓公的故事，内涵非常丰富。但有一个隐含的重大前提，那就是扁鹊兄弟都是“名医”，或者能够做到及早发现，或者能够做到药到病除。对于企业重大疾病的问题，目前常见的现象是企业有病乱投医、专家胡乱开药方，偏离了实际、加重了企业病情的现象越发突出。得出这一结论的基本依据是，企业的健康和疾病的诊治体系尚未建立，并且目前从这个思想和角度开展的研究和实践也还比较少。

综合分析，企业面对自身的疾病有以下几个方面的重点问题需要认真考虑：

第一，企业永远不能墨守成规。我们给出的药方是“守成与创新交互变化、交互更替、迭代升华和发展进步”。人人皆知“逆水行舟不进则退”，“不能吃老本”的训诫和道理，对应到从 1 到 N 的企业而言，自身的成绩、成效、成果、成功都是有的，怎么看待呢？其实，变化是宇宙间一切事物发展永恒的主题。守成是需要的，是阶段性的，不是长期的、一劳永逸的；创新是必需的，是潜在的，也不是长期的、一劳永逸的。在变与不变、如何变之间做出明智的选择，体现的就是企业自身在防患于未然方面具备的先进理念和先进精神。防患于未然者神，能够这样运营发展企业的企业家也应称为神了。

第二，世间万物的发展变化是有规律的。在这方面，讲得最简明而又最深奥、传承千年而不变的就是《易经》了。《易经》如果从学术角度看，太复杂了；如果从应用角度看，又有很多糟粕、产生了很多负面影响；如果从解释事物的变化角度看，实现对某几个字的理解和参悟，对于企业家而言是不难的。这几个字就是“简易、变易、不易”。从这么高端和抽象的角度，写出这段话的意思，是想从高至低讲清楚一件事——企业的健康检查和疾病诊治可以从《易经》中寻找到方法和答案。这里，我们给出一个浅显的初步结论——在企业出现不协调、不顺畅、不发展、不舒服的点或面上，大胆地“易”，大胆地“试”，除此之外没有更好的方法。这就是牢牢地从企业实际出发，秉承寻求改变自身的勇气、决心、精神。自身解决问题的能力如果有限，则需要寻求“他力”的帮助，这样的做法也是“道法自然”的训诫之一。

第三，当有一部分企业还是明显地走下坡路、明显地出现严重的疾病症状时，就要访名医、寻名方。怎样访名医、寻名方？对这样一个较新的系统性难题，我试着结合当前形势，给出一些初步的建议。

对于已经明显出现症状的企业，我们在这里给出以下具体的建议：

1. 从趋势入手

趋势是企业的天，是企业家最忠诚的盟友，是决定企业长期成败不可挑战的天时。

2. 断臂求生

企业从 1 到 N 发展过来，日久天长，老毛病会越发严重，针对这些已经无法改变的问题，要勇于做出断臂求生的抉择。

3. 涅槃重生

涅槃是佛家用语，强调的是发展和成长的轮回之道。对于企业而言，的确也是存在反反复复面临生死抉择的时刻。涅槃重生是可能采取的方法，虽然这是非常非常痛苦和不容易的。用时下的语境和词汇，就是指企业要转型。而每一个真正的企业家都明白，企业转型就如同重生，稍有不慎就是灭亡。所以，企业转型说者众多，实行起来却是最难之事。

4. 升级谋生

不到万不得已，我们相信启动涅槃重生的企业是很少的，因此，升级谋生也是一个有益的选项。同样对应时下的语境就是企业升级发展。这需要透视和检视一下何为“升级”？在企业界，升级对应的是传统的没落与淘汰，既然是传统，则有其长期存在的客观需求，既然要升级，我们给出的药方是“根植于传统行业、制造和提供非传统的产品和服务”，这与什么互联网+、互联网思维无关，这关乎社会发展过程中传统行业需求的悄然变化、行业经济效率的限制约定、从业人员固而有之的不变思维。想清楚了这些，我们的传统行业，比如制造业，怎么会找不到新的机会以至于放弃呢？一个国家再强大也是需要先进制造业来支撑和保障的。我们要做的，不是放弃传统行业，而是放弃传统产品和服务的思维定式。

5. 归零创新

不归零，无创新。这里的归零，包含很多的内涵。比如：心态上、思想上、成就上、技术上、市场上、用户上，统统可以采取“归零”的方法，一切都可以开展从0到1的二次创新创业。这样做的好处就是，原有的积累和优势不至于全盘丧失。从0到1的药方就是“创新”二字。关于如何从0到1，坊间已有很多论述与案例了，但我们认为还远远不够。我们正在观察并试图回答的是：从0到1的规律是什么？大到一家企业、小到一个流程，处处存在从0到1的创新，这就是基本现象。其背后的本质是“否定之否定”，这反而是对发展的最大的肯定。不要怕对已有成功的否定，不要沉迷于已经取得的“1”，忘记它！

“天若有情天亦老，人间正道是沧桑。”万事万物的大变革、小变化映射到企业身上，企业如果出现不适应、不协调、不发展等现象，日子久了就是病，病久了就会灭亡。这就要求我们时时要归零、处处谋创新，最好能够定期给企业做体检，防患于未然。

第二节　概述：企业的健康体检

把人的身体的健康体检、医疗康复，映射到企业身上，我们提出一个观点：企业也会生病，企业生病了之后也要治疗，没有不生病的企业。如果这个基本判断是成立的，那么，如何确保企业健康发展乃至基业长青？从其健康体检角度入手，可能是不同于现在企业咨询顾问的形式，而更加突出了“企业病的诊断与诊治”。所以，这里提出企业健康体检这一命题，并做简单分析判断。

首先，所有的企业都会生病。在这之前，大家的说法是所有的企业都会有这样那样的问题。那么，说“问题”合适，还是说“生病”合适？可以整合一下两个说法的理解和认识：“问题”是企业“生病”的因，“生病”是企业“失败”的因，久病不治企业最终就消失了。可以看到与问题相比，生病这件事对企业更重要，这就是本文试图定义和梳理出来的概念逻辑——用企业“生病”诊治“企业健康”，推动企业健康可持续发展。

其次，清楚定义企业的病态和病因，那么显然更能够触动企业领导的神经。因为谁都知道问题的存在，并且很多时候管理就是预判和解决不断出现的问题。显而易见，不是所有的问题都会导致企业“生病”。如同人的身体一样，身体好不容易生病、身体不好容易生病。企业可能也是同样的情况，企业的不同状态导致企业生病与否，而此时如果聚焦“问题本身”而不是“企业健康本身”，就是治标不治本了。

最后，企业应该定期进行体检，小投入大保障。谁都知道，对人的身体而言，健康体检多么重要，也都知道现在办企业的难度是很大的。特别是当前的社会形势变化，经济形势不稳，企业发展遇到的挑战也越来越多。当然，危机中挑战与机会并存。如果能够通过企业健康体检，合理应对危险，那么抓住其中的机会就变得更有把握。

上面分析了“企业健康体检”的可行性、必要性和意义。那么接下来分析一下，如何开展企业健康体检呢？

首先，把企业与人的身体结构进行对比，也分解成“系统”。我们以此为出发点，可以考虑将企业分为“决策系统”——相当于人的大脑；“执行系统”——相当于人的躯干；“生产系统”——相当于人的手脚；“营销系统”——相当于人的五官；“免疫系统”——相当于人的免疫系统。这样的分解有一个“系统论”的核心思想在里面，就是在传统的按照部门和组织机构来划分系统的情况下，过于强调部门的功能，弱化了协作的功能。大家还记得有一个相声叫“五官争功”吧，就形象地隐喻了这个问题。而实际上，在一个系统里面，按照系统论的观点，谁也离不开谁。

其次，企业是否会有革命性的组织机构变革还看不到，那么分解为系统后，要根据企业的组织机构部门设计，进行系统归属的划分。按照系统化的方法和观点，检视组织机构部门设计的合理性、功能的完善性、接口的清晰化，这样就能够提升部门功能，实现和部门间的协作，从而提高效率和效益。考虑到企业所处的行业领域、规模大小、管理文化、业务形式等会有很多不同，所以在系统分解指导下，企业的部门归属有很多学问、很多课题需要研究。

最后，借鉴人的身体健康体检，企业的健康体检也需要理论依据和实践经验积累。目前仅仅是提出概念思路，还需要大量的实践经验，然后是理论的论证和升华，不断完善发展才有可能形成科学有效的方法和措施。如果这种局面形成，可以想象，将有可能开创新的企业管理模型，改变企业管理的学科理论和应用。当然，最重要的是会更好地帮助企业保持健康、可持续发展。所以，第一步是实践，第二步是研究，第三步是应用。

综上所述，企业是需要从自身是否健康的角度来提升管理、提高效益的。企业作为极其重要的社会组成和推动发展的动力，使命很多也很重。从企业是否健康的角度出发，其内在的本质使命是“企业价值”，因为企业价值承载了投资人、员工的投入产出。所以，企业健康体检的主要目标就是提升企业价值，从而实现利益相关方的预期回报。

第三节　探索：企业健康的评估与实践

一、企业健康评估概述

1. 企业价值

什么是企业的价值（Value），金融经济学家给企业价值下的定义是：企业的价值是该企业预期自由现金流量以其加权平均资本成本为贴现率折现的现值，它与企业的财务决策密切相关，体现了企业资金的时间价值、风险以及持续发展能力。扩大到管理学领域，企业价值可定义为企业遵循价值规律，通过以价值为核心的管理，使所有利益相关者（包括股东、债权人、管理者、普通员工、政府等）均能获得满意回报的能力。显然，企业的价值越高，给予其利益相关者回报的能力就越高；而这个价值是可以通过其经济定义加以计量的。比如，上市公司的市值、企业并购重组中的价值评估、企业转让自身股权的交易中每股的价格等。但是，企业的价值是很难评估的。以上市公司为例，每个交易日都有一部分人看好该企业的价值而买入其股票，又有一部分人不看好该企业的价值而抛售股票。当买入和卖出出现不平衡的时候，企业的价值就出现了波动，这个时候关于企业的正面和负面的分析评论就可能会同时存在。产生这些现象的原因有很多，但是核心的问题还在于：这个企业到底有没有价值?

詹姆斯·柯林斯在与杰里·波勒斯合著的《基业长青》一书中写道："利润是生存的必要条件，而且是达成更重要目的的手段，但对很多高瞻远瞩的公司而言，利润不是目的，利润就像人体需要的氧气、食物、水和血液一样，这些东西不是生命的目的。但是，没有它们，就没有生命。"利润之上的追求在伟大的公司里，更是作为"教派般的文化"进行灌输的。"教派般的文化"指的是伟大公司必须有很强的共同价值观，目前大部分的中国企业没有意识到企业文化的重要作用。对于中国企业来说，"利润之上的追求"不明确、不具体，动辄是空洞的大口号。

2. 企业健康的 4Q－5S 评估模型

以现代经济的企业整体价值分析和价值管理为基础，把企业作为一个经营整体进行评价评估，科学系统地给出全部股东投入资产所创造的全部企业价值结论。

企业所有具有的为客户创造产品或服务的全部能力及素质的总和，也包括企业可持续发展过程中可能遇到的全部挑战和风险的总和。考虑这种综合评估的实际难度和评估的可操作性，以四个指标分别来标识和衡量，分别是：企业的商业价值（Value）、经营能力（Capacity）、发展潜力（Potential）、生态环境（Environment）四个方面定量定性的分析和评估。企业健康由 4Q 指标来分别衡量，综合使用。

4Q 企业健康评估体系的建立，其目的是通过 4 个指标的建立和评价，系统地反映企业健康的全貌；同时预见一种可能：通过长期持续的研究和知识积累，应该存在一种模型（或算法），能够将 4 个指标进行函数计算，从而得出与企业价值进行融合的企业市值的综合评价量化指标。

4Q 企业健康评价体系框架结构：

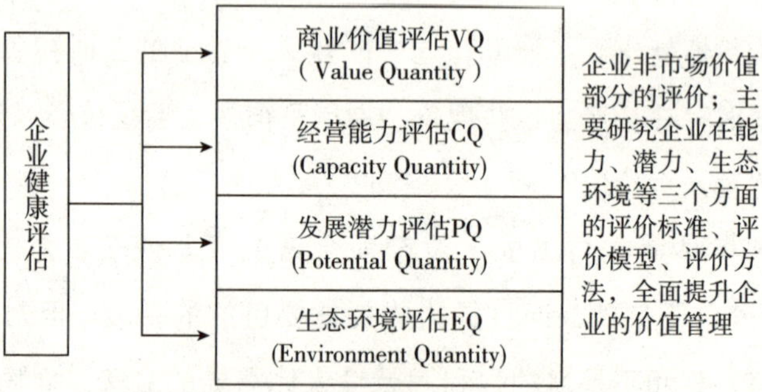

图 5－1　企业健康评估内容

4Q 指标之间的关系：

- VQ：商业市值，资产价值评估（货币价格）是核心；
- CQ：企业的能力评估是企业当前情况下具备的，在短期内使 VQ 增值的能力大小（比如一年内）；

• PQ：企业的潜力评估是企业在当前情况下具备的，在未来 2～3 年以 CQ 为基础为手段，使 VQ 不断增值的持续能力的大小，也可以理解为较长时间段的能力评估（3～5 年）；

• EQ：企业的生态环境评估是该企业在评估时点上，其所处的内外环境对于企业 VQ、CQ、PQ 可能产生的正负影响的量化和分析。

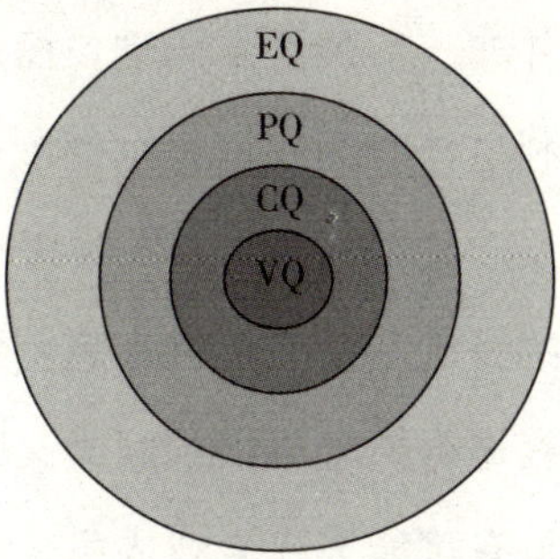

图 5－2　企业健康评估 4Q 关系

3. 评估要素模型

以 4Q 指标为目标，以 5 个系统（5S）为考核对象，企业健康评估的最终实践，还需要进行评估要素的设定，这是一项艰巨的任务。选择或者不选择哪些要素作为 5 个系统的必要属性，同时对已经存在的事实给予定量或定性的分析方法设计，都是非常有挑战的事情。

表 5－1　企业健康评估模型（4Q－5S）

评估指标 / 企业系统	VQ	CQ	PQ	EQ
决策系统（领导决策层）				
执行系统（管理服务层）				
生产系统（加工研制层）				
营销系统（市场开拓层）				
免疫系统（综合防范和诊治层）				

一是实现了把 VCPE 4 个指标与责任系统的对接，找到主要责任人和责任部门，并能够逐步进行分解；

二是实现了二维度的企业综合评估，以及以系统为维度的企业责任设计。

二、企业决策系统的4Q评估

1. 企业决策系统

（1）决策机构

公司治理结构本质上并非一般的企业管理，而是在公司的法人资产的委托代理制下，规范不同权利主体之间权责关系的制度安排。在现代市场经济中，随着生产社会化的发展、企业规模的扩大以及资本的不断积累，由资本所有者完全独立控制企业的经营活动方式越来越受到所有者的能力及专业知识的局限。当所有者不能在进行风险决策的同时又圆满地从事生产经营活动的组织、协调和管理时，就有可能委托专业人员代理执行上述资产经营的职能，这就产生了委托－代理关系。在现代企业中，这种资产权利委托－代理关系的实现是通过公司治理结构来实现的。

股份有限公司和有限责任公司都是以股东出资形成的法人财产为基础的法人实体。由于公司的出资人即股东很多（现代大公司甚至达到几百万人），股份相当分散，所有权与经营控制权的分离就越来越明显，因而公司并不是由股东直接经营管理，而是通过一系列代理关系和制度安排，由少数人进行管理的，这一系列制度安排就是公司的法人治理结构。现代企业法人治理结构包含四部分：股东大会、董事会、监事会和由高层经理人员组成的执行机构。

股东和股东大会。股份有限公司的股东是公司股份（表现为股权）的持有者。股东权利的行使，在公司内部一般是通过股东大会进行的。股东大会是指定期或临时举行的、由全体股东组成的组织，是股份有限公司的最高权力机构。

董事和董事会。对于拥有众多股东的公司来说，不可能通过所有股东的定期集会来经营，因而，股东大会只能议事而不能具体管理公司的事务，这就需要股东通过股东大会选出代表自己利益的、有能力的少数代表，具体负责公司的经营管理。这些由股东大会选出的、代表股东来管理公司的少数人就是公司的董事，他们组成的机构即为董事会。

监事和监事会。股份有限公司的监事会是检查公司的财产状况和公司业务执行情况的公司常设机构。股份有限公司监事的选择和资格限制与董事基本相同，但一般人数较少。

（2）议事机制

股东和股东大会。股东大会一般分为普通年会和股东特别会议两种。股东大会的权利一般包括：听取股东大会召集人（一般为公司董事、监事）报告的权利，查核公司各种报告、表册的权利，就公司事务特别是重大事务如任免董事、修改公司章程等做出决议的权利。股东特别会议可以由董事会召开，也可以由法定的特有一定数量股权的股东召开，还可以由法院根据自己的动议或任何一个董事、一个有表决权的股东的动议，发布命令召开。召开股东会的通知必须采取书面形式，并在开会前送到每个有表决权的股东手里，参加股东大会的股东必须达到法定人数，才能视为合法，通过的决议才能有效。

董事和董事会。董事会是公司最高决策机构，是公司的法定代表，代表股东对公司实施管理，因而拥有广泛的权利。董事会职权主要包括：根据公司章程和内部细则制订公司的经营目标、战略对策和管理原则；任免公司高层经理人员并决定他们的报酬和奖惩；协调公司、管理部门和股东之间的关系。董事会在行使权利的时候，也受到一定的限制，主要是：不得从事公司业务活动范围以外的事；不得超越股东大会的授权；董事会决议与股东大会决议发生冲突时，一般以后者为主。

监事和监事会。股份有限公司监事会的权利包括：业务检查监督权、召开股东大会权、公司代表权等。

（3）激励约束机制

在一个信息不完备的经济环境中，代理人并不总以追求委托人最大利益作为自己行为的最高准则。所有权与经营权的分离会产生所有者（委托人）和经营者（代理人）之间的激励不相容、信息不对称和责任不对等问题。由于信息的不完备、不对称又会产生经营者的逆向选择和道德风险。因此，受托人有必要设计恰当的激励机制和约束机制以获取更大的利益和经济效率。

作为委托人的董事会要求经理人员尽职尽责，执行好经营管理的职能，以便为公司取得更多的“剩余收益”即利润；而作为代理人的高层经理所追求的则是他们本身的人力资源资本（知识、才能、社会地位、声誉等）的增加以及相应的经济收益。这种情况下，公司将经营工作委托给高层经理人员，根据经理人员的工作业绩（包括公司的盈利状况、市场占有率、在社会公益方面的表现等）对他们实行相应的激励就显得十分重要了，其目的是要高层经理人员采用适当的行为，主观上为自己的利益而工作，客观上最大限度地增加所有者的利益，从而实现激励相容。

高层经理人员还受到诸多市场竞争机制的约束。首先是资本市场的约束，资本市场能对管理层施加压力以保证公司的决策转向有利于资产增值的方向。这时股东可以“用手投票”或“用脚投票”来表达其意愿，惩罚经理人员。其次，具有无限制转让性的剩余索取权和兼并市场对公司管理也有重要的约束作用。最后是商品市场的约束。在市场上，公司的产品和服务将受到消费者的裁决。倘若公司的产品不能占有一定的市场比例，股东们获得此信息就会去调查公司的管理情况，并通过董事会对这些经理人员进行惩罚。

2. 评价要素和指标

表 5-2　企业决策系统评估模型

一级指标（要素）	二级指标	VQ	CQ	PQ	EQ
股东大会	本年度召开次数		n		
	参加股东股权比例		n/%		
股东大会决议	重大决议的执行		0—10		
	未来发展的规划			0—10	
	当期所有者权益	[引用]			

续表

一级指标（要素）	二级指标	VQ	CQ	PQ	EQ
董事会	本年度召开次数		n		
	董事会缺席人次		－n		
董事会决议	会议纪要的签发情况		0—10		
	决议的执行情况		0—10		
	制定发展规划的情况			0—10	
	执行发展规划的情况		0—10		
	企业生态环境变化研究				0—10
	总经理任免频率		n/年		
	决策失误次数		n		
	奖励和处罚次数		n		
监事和监事会	年度召开监事会次数		n		
	监事履行职责评价		0—10		
	监督检查落实情况		0—10		
薪酬体系	建立健全的薪酬体系		0—10		
	管理层薪酬支出		［引用］		
	管理层薪酬支出占销售比		n%		
	管理层平均薪酬		0—10		
	年度扣减薪酬额度		n		
企业价值观					
	企业价值观的表述				0—10
	企业价值观的体现				0—100
	企业价值观的制度保障				0—100
	企业价值观制度的执行				0—1
企业文化	企业精神				0—100
	企业经营理念				0—100
	企业的氛围				0—100
	企业关怀职工行动				0—20
	企业的习惯				0—100
	企业文化的制度保障				0—100
	企业文化制度的执行				0—1

启示：

对于决策系统（决策层）而言，VCPE 四个指标中，其重要责任应该在 PQ 和 EQ 两个指标上的作用发挥；而现实是决策层对于“高瞻远瞩”“公司长寿”等，考虑得是比较少的。而且，很多时候决策系统作为领导层，忽略了定方向的职责，而是深度参与执行层面、执行系统的业务中，也挤压了执行层面的工作空间和灵活度。

3. 评价量表设计和使用

表 5－3　企业决策系统的评估说明

一级指标（要素）	二级指标	取值	说明
股东大会	本年度召开次数	n	能否正常召开股东大会，展现股东权益的保障和权利的行使。只记录次数，作为定性评价的依据，不做定量加权计算
	参加股东股权比例	n/%	统一计算所有股东大会所有参与会议所代表的持股比例，显示股东大会权益代表的覆盖范围，做定性判断
股东大会决议	重大决议的执行	0—10	开会要形成决议，根据决议执行的情况，给予主观计分
	未来发展的规划	0—10	股东大会决议中是否具有前瞻性决议，对未来发展是否有要求和规划，主观计分
	当期所有者权益	［应用］	记录当前所有者权益
董事会	本年度召开次数	n	能否正常召开董事会，董事会的责任和权利实施，只记录次数，作为定性评价的依据，不做定量加权计算
	董事会缺席人次	－n	统计周期内全部缺勤人次，反映董事会的质量，也反映董事会责任履行，将会定量做标准化计算
董事会决议	会议纪要的签发情况	0—10	反映会议的效率和执行，根据签发的快慢、发布的快慢、执行的好坏，根据实际调查，主观计分
	决议的执行情况	0—10	将所有会议纪要决议的事项总数与完成进行执行情况的总数进行计算，根据完成率计分
	制订发展规划的情况	0—10	一定程度上影响企业发展的潜力，实际研究规划后，主观给予计分

续表

一级指标（要素）	二级指标	取值	说明
	执行发展规划的情况	0—10	对比规划的内容，根据完成率进行计分
	企业生态环境变化研究	0—10	着眼全局的决策能力，对于环境变化的响应及方法，根据实际调研，主观计分
	总经理任免频率	n/年	与其他指标一同使用，反映董事会的决策和执行能力
	决策失误次数	n	能够有“失误”的自我认定，不一定是坏事，除非发生重大失误，否则此指标偏向正面。做定性分析时使用，不做定量分析
	奖励和处罚次数	n	考核董事会“动真格”的态度和手段，做定性分析使用
监事和监事会	年度召开监事会次数	n	做定性分析使用，配合监督检查的意见建议质量综合分析
	监事履行职责评价	0—10	实地考察评价监事的作用，主观计分
	监督检查落实情况	0—10	对监事提出的意见建议执行的完成情况，换算计分
薪酬体系	建立健全的薪酬体系	0—10	实地调研并根据薪酬体系的完善程度和质量计分
	管理层薪酬支出	n	单独使用含义不明显
	管理层薪酬支出占销售比	n%	考核管理层成本，具有提示决策参考的作用（一般非执行部门董事，不领取薪酬）
	管理层平均薪酬	0—10	对比行业薪酬标准，换算本企业管理层薪酬所处位置，计分
	年度扣减薪酬额度	n	考查董事会对经理层管理的强度、能力、手段等，体现委托人的作用
企业价值观	企业价值观的表述	0—10	企业要有明确的表述
	企业价值观的体现	0—100	要处处体现价值观实施，通过调研和访谈，获得数据
	企业价值观的制度保障	0—100	评估在企业价值观树立和统一的过程中，有哪些有效的制度。根据制度多少、内容质量，综合主观评分
	企业价值观制度的执行	0—1	与保障制度的分数相乘，根据执行情况，看看制度有多少打了折扣
企业文化	企业精神	0—100	企业需要明确的精神指导

续表

一级指标（要素）	二级指标	取值	说明
	企业经营理念	0—100	企业经营理念表述的清晰程度、正确程度、创新程度等等，根据调研综合评分
	企业的氛围	0—100	通过调查问卷来获得数据值
	企业关怀职工行动	0—20	通过调查问卷来获得数据值
	企业的习惯	0—100	通过调研、查看指导、调查问卷等综合手段，判断企业“习”和“惯”的定量结论，并给出定性分析
	企业文化的制度保障	0—100	评估在企业文化建设和维护方面有哪些有效的制度。根据制度多少、内容质量，综合主观评分
	企业文化制度的执行	0—1	与保障制度的分数相乘，根据执行情况，看看制度有多少打了折扣

首先，以上表格的“取值”及其说明是一个概要参考，反复研究、调试、校准后会更加具有科学性。但是我们认为，“企业”的评估不是数学问题，而是社会学问题，更多体现认识的多元化、考核的多角度、评价的多元素。

其次，企业决策系统 4Q 评估的核心作用是：以更加清晰的维度展现出企业是否有良好的决策系统、决策系统是否在正常运行、决策系统自身的作用和职能是否发挥完善以及是否存在缺陷或漏洞。

第三，所有取值都具有主观性。但是，我们认为这种主观性对于企业自身发现问题、改进问题并没有很大影响。取值的主观性将会影响 4Q 价值评估体系模型参数和评价方法的设计研发。这需要大量、长期的持续校准才能够完成。

最后，综合考虑以上分析，此评估指标和取值方法具有一定的评价企业决策系统情况的作用，能够给出定性和定量的分析结论，对于全面掌握企业价值、校准企业价值观具有实践意义。对于企业价值 4Q 评估体系的理论研究也有一定的实践意义。以上二十几个指标的粗略衡量，能够初步地分析判断企业是否有健康的决策系统、是不是一人独大的个人管理型企业，以及企业文化精神面貌如何。

三、企业执行系统的 4Q 评估

1. 企业执行系统

（1）定义

企业的执行系统是落实决策系统的决定，依据指令行事的企业管理、服务、保障部门及其功能和作用的总称，将其归纳为一个系统的目的在于，要从认识和行动上克服长期以来企业部门间过于注重各自利益的痼疾，而只有上升到系统的层面才有可能更好地解决问题，因此，以解决系统本身的问题为出发点，才能真正意义上使企业具有内在自觉机制的执行和运转能力。

在定义的这个层面，进一步阐释部门和系统的关系。按照传统企业架构、组织机制、业务分工设计，往往会形成很多部门，既分工又协作。在执行系统概念的统一涵盖和组织下，使用企业的“部件”一词来描述执行系统中的部门是合适的，也能够直观展现部门的作用，它们其实就是系统中部件的作用，避免把部门自身的利益和作用夸大。

（2）组成

把企业当成一个系统来进行研究和评价，按照系统论的分析方法和思路，企业的部门就是企业系统的部件。因此，在对企业系统进行 VCPE 4 个指标评价元素和评价方法设计的时候，我们会示例一些部门。虽然不同企业会设计不同的部门，但是从企业系统构建角度所需要部件而言，就相对容易归类和分析。

主要部门（部件）有：

指挥部门：接受决策系统的指令和要求，制订工作计划，安排工作任务，调整和配置资源，协调各个部门的一致行动，预判和处理执行过程中的风险和问题。

参谋部门：为指挥部门服务，独立于业务流程之外的参谋助手团队，为企业发展规划、生产计划、创新方向等提供参考意见。（有些企业没有此类

部门）

创新部门：独立承担企业创新的部门，不仅仅是科技创新，而且包括组织和实施企业系统内的所有创新实践。企业创新部门关乎企业发展的可持续性，决定着企业应对未来变化的能力和资源储备。这一点要特别强调。

服务部门：我们把企业内的人事、财务、综合办公室等统统归类为服务部门，以为企业生产、企业员工及其他各个部门服务为主要使命，强调服务意识和服务质量。

监督部门：为使企业运行正常而设置的审计、考核、督查等有关部门。（国企中均有设置，民企中少有设置）

以上没有提到管理部门，因为在我们的评价考虑中，管理就是服务，要么是下达指令的部门，要么就是执行指令和行动的部门。另外，根据具体实施4Q评估评价企业的部门设置，执行系统的部门划分可以做调整，评价内容也可以根据实际情况进行研究制定，最终能够展现企业执行系统的运行效能和存在问题即可。

2. 评价要素和指标

表5－4　企业执行系统评估模型

一级指标（要素）	二级指标（基本指标）	VQ	CQ	PQ	EQ
执行部门	执行团队的建设（高管层）		0—100		
	工作目标表述清晰		0—10		
	年度工作计划的制订		0—50		
	年底工作计划的完成		0—1		
	奖惩制度完善有效		0—10		
	经理团队的建设		0—50		
	对错误计划和指令的修正		0—10		
	听取和征求意见的活动		0—10		
	处理突发事件的情况		0—50		
	处理报告的完成周期		0—1		
	奖优罚劣的成效		0—50		
参谋部门	提供参谋意见的数量		0—100		

续表

一级指标（要素）	二级指标（基本指标）	VQ	CQ	PQ	EQ
	修正错误计划、指令的贡献		0—10		
	企业发展规划的质量			0—50	
	企业发展规划的调整			0—50	
	信息情报的获取			0—100	
	对企业所处产业环境的研究				0—100
	对企业所处区域环境的研究				0—50
创新部门	创新部门的层级		0，30，50		
	创新部门的定位			0—100	
	创新部门的授权		0—100		
	创新部门的预算		0—100		
	创新部门的绩效考核		0—50		
	创新部门的工作计划		0—50		
	创新部门的工作成效			0—200	
服务部门	人事制度		0—50		
	财务制度		0—50		
	员工关爱行动		0—50		
	员工素质提升计划		0—100		
	企业文化活动		0—50		
监督部门	绩效考核的执行		0—100		
	部门绩效的考核		0—50		
	财务绩效审计		0—100		
	人事工作考核		0—100		
	企业文化建设的监督		0—100		

说明：

一是一级指标按照部门（部件）来划分，主要是因为这样易与被评估企业的现状匹配对接。

二是二级指标会因为不同的企业有很大不同，不同企业关注的问题也有差别。具体使用上，分为基本指标和个性指标比较好。为了体现 4Q 评价体系的设计原则和评价目标，我们确定的指标统一称为“基本指标”，由于企业的特殊性而加入进来的指标，归类为“个性指标”。

3. 评价量表设计和使用

表 5－5　企业执行系统评估说明

一级指标（要素）	二级指标（基本指标）	取值	说　明
执行部门	执行团队的建设（高管层）	0—100	分工是否明确；能力结构是否合理；是否团结；团队是否稳定；对他们的考核奖惩是否有效
	工作目标表述清晰	0—10	是否有明确的工作目标，体现企业价值观、企业精神和高瞻远瞩
	年度工作计划的制订	0—50	年度工作计划制订的质量（企业层面而不是部门层面）
	年底工作计划的完成	0—1	对比年初的工作计划，完成情况的评估，是加权计算指标
	奖惩制度完善有效	0—10	企业必须做到奖优罚劣，鼓励先进、惩罚后进的制度是否执行有效
	经理团队的建设	0—50	二级、三级经理团队的建设情况主观评估
	对错误计划和指令的修正	0—10	是否有对错误的自觉修正
	听取和征求意见的活动	0—10	是否能够形成有效形式、机制听取和征求意见
	处理突发事件的情况	0—50	能否处理好企业的各种突发事件
	处理报告的完成周期	0—1	对于企业运行过程中的报告事项，处理的平均周期。加权指标与执行团队的建设（高管层）相乘，评价执行团队效率，根据企业实际情况，调研后主观评分
	奖优罚劣的成效	0—50	奖惩执行后，是否达到预期效果。通过调研、走访等方法，主观评价企业此项得分
参谋部门	提供参谋意见的数量	0—100	能够提出足够必要的参谋意见，根据提交意见的质量、数量，给予评分
	修正错误计划、指令的贡献	0—10	对于企业运行中不正确的计划、指令提出修正意见和解决方案，主观评分
	企业发展规划的质量	0—50	担负企业发展规划、编制未来发展路线图的能力。根据报告指令，研讨、分析、判断得出分数

续表

一级指标（要素）	二级指标（基本指标）	取值	说　明
	企业发展规划的调整	0—50	不断调整企业发展规划的能力
	信息情报的获取	0—100	能否主动和有效为企业发展获得有价值的信息情报，指导企业未来发展规划的确定，根据材料和材料的使用，进行评分
	对企业所处产业环境的研究	0—100	在行业中对企业定位的判断，对行业发展的分析判断，对企业在行业中长期可持续发展的研究和建议
	对企业所处区域环境的研究	0—50	对企业所在区域政治、经济、科技等与企业发展相关的政策的研究、使用的能力
创新部门	创新部门的层级	0，30，50	创新是企业顶层业务，顶级领导负责、二级领导负责、三级领导负责，分别取50、30、0分
	创新部门的定位	0—100	不能把创新部门仅仅定位为“科技创新”部门。我们的定位：企业的创新就是企业的营养，企业创新的实践，就是不断努力获取发展营养的过程
	创新部门的授权	0—100	设置的创新部门是否能够有足够的创新权限空间
	创新部门的预算	0—100	设置的创新部门是否能够有足够的经费预算
	创新部门的绩效考核	0—50	对创新部门的考核有别于传统部门，考核的方式和考核的手段是否正确有效
	创新部门的工作计划	0—50	创新部门的工作具有显著的探索性、不确定性、长期性和偶然性，但是工作计划要适应和反映这种特点，能否做到，能否有效执行
	创新部门的工作成效	0—200	综合评价企业创新部门的作用，通过调查问卷、重点创新突破、企业产品市场情况等，综合评分
服务部门	人事制度	0—50	企业员工是主体，企业的发展是员工努力的结果。人事制度是为企业、企业员工发展服务的，而不是为企业主服务的
	财务制度	0—50	主要涉及企业财务预算的质量、财务服务的质量。综合体现财务部门对于企业运行的服务能力和服务水平

续表

一级指标（要素）	二级指标（基本指标）	取值	说明
	员工关爱行动	0—50	还是要体现员工为主体的企业经营理念，对员工的关爱有助于企业文化的建立，有助于企业形象的树立，有助于提升员工的积极性、主动性、集体荣誉感等
	员工素质提升计划	0—100	员工自身发展极大地影响企业发展，对员工素质进行提升，是企业发展的重要服务内容，必须要做好
	企业文化活动	0—50	为员工提供文化活动的情况，通过活动加强企业文化建设的成效
监督部门	绩效考核的执行	0—100	企业会制定很多绩效考核的文件制度，甚至具体到个人，这些执行的情况如何
	部门绩效的考核	0—50	企业二级部门（所有的），它们的绩效考核不能由分管企业领导来最终决定，应该由一个综合的考核方式和真实的考核结论，要避免本位主义和不公平考核带来的伤害
	财务绩效审计	0—100	企业每年花很多钱，按类别统计后，从使用者、使用用途、使用成效等方面对效能进行考核。避免重“预算”、轻“执行”、丢“成效”的粗犷财务模式。也要确保需要经费的业务切实能够得到经费
	人事工作考核	0—100	企业人事部门招聘、考核、培训的工作质量考核。企业员工流动率、劳动生产率等看似跟所在部门最相关但是首先是跟人事工作的质量有关系
	企业文化建设的监督	0—100	企业内上至最高领导，下至最低员工，没人会反对企业文化建设，提起来都重视。但是真正的成效要进行监督考核，以便推动企业决策层、执行层不断去改善

所有取值都具有主观性。但是，我们认为这种主观性对于企业自身发现问题、改进问题并没有很大影响。取值的主观性将会影响4Q价值评估体系模型参数和评价方法的设计研发。这需要大量、长期的持续校准才能够完成。

四、企业生产系统4Q评估

1. 企业生产系统

（1）定义

生产系统（Production system）是指将输入资源转换为期望产出产品或服务的组织及其能力。生产系统是由人和机器构成的、能将一定输入转化为特定输出的有机整体，使转化过程具有增值性，增值性是生产系统的基本功能。企业的生产系统一般都具有创新、质量、柔性、继承性、自我完善、环境保护等功能。生产系统在经过一段时间的运转以后，需要改进完善，而改进一般包括产品的改进、加工方法的改进、操作方法的改进、生产组织的改进等。

由于不同企业的性质不同，在企业五个系统中生产系统的组成和功能区别最大，也正是生产系统的不同，体现了企业内在的不同。按照不同行业，不同的企业生产系统划分的类别多种多样，如制造业的实体产品制造生产系统、交通运输业的位置传输生产系统、零售业的物品交易生产系统、仓储业的物品存储保管生产系统、健康医疗行业的生理保健生产系统以及通信业的数据信息传递生产系统等。

由于企业的生产系统千差万别，按照4Q标准模型进行评价评估时，需要拟合这些客观存在的差别，抽取展现生产系统价值的共性指标及有效客观评估的目的和效果。为此，应从生产系统功能的实现方面进行综合评价。

（2）结构与功能分析

生产系统结构。生产系统的结构是系统的构成要素及其组合关系的表现形式。生产系统的构成要素很多，为了研究方便，常把它们分为两类：结构化要素和非结构化要素。

——**结构化要素**。是指生产系统中的硬件及其组合关系。结构化要素是构成生产系统主体框架的要素，主要包含生产技术、生产设施、生产能力和生产系统的集成等，这也就是“技术”的要素。

• 生产技术（technology）：即生产工艺特征、生产设备构成、生产技术水平等。

• 生产设施（facility）：即生产设施的规模、设施的布局、工作地的装备和布置等。

• 生产能力（capacity）：即生产能力的特性、生产能力大小、生产能力的弹性等。

• 生产系统的集成（integration）：即系统的集成范围、系统集成的方向、系统与外部的协作关系等。

——**非结构化要素**。是指在生产系统中支持和控制系统运行的软件性要素，包含人员组织、生产计划、库存和质量管理等，是“管理”的要素。非结构化要素的内涵如下：

• 人员组织：即人员的素质特点、人员的管理政策、组织机构等。

• 生产计划：即计划类型、计划编制方法和关键技术。

• 生产库存：即库存类型、库存量、库存控制方式。

• 质量管理：即质量检验、质量控制、质量保证体系。

生产系统功能。生产系统具有什么样的功能是由其所面对的环境要求及其自身发展的需要决定的。事实上，生产系统的功能与生产系统的目标之间存在着一种对应关系，生产系统所具有的功能是直接与其所面对的目标相对应的。

生产系统的功能分为两部分：一是生产系统的**生存功能**，包括创新功能、质量功能和继承性功能；二是生产系统的**发展功能**，包括柔性功能、自我完善功能和环境保护功能。如果生存功能在生产系统中得不到保证，则生产系统将失去存在的意义，但如果生产系统拥有良好的生存功能，却没有良好的发展功能为后盾，那么生产系统也就不可能得到发展。

企业的生产系统应该具备以下六个方面的功能：

• 创新功能：不仅体现在对产品的创新上，而且还包括对生产技术和工艺的创新。

• 质量功能：包括产品质量保证功能和工作质量保证功能。

●柔性功能：指的是生产系统对环境变化的协调机制和应变能力。

●继承性功能：生产系统应该能够保证产品生产的连续性、可扩展性和兼容性，以满足产品持续发展和为用户提供服务的需要。

●自我完善的功能：生产系统必须具备一种自我完善和自我学习的功能，以便根据自身的状况，自觉维护系统内部各种构成要素之间的关系的协调，此时的生产系统具备顽强的生命力和发展能力。

●环境保护功能：环境保护功在当代，利在千秋，是造福子孙后代的伟大事业。企业生产系统作为最重要的污染物排放源、最大的生态破坏者，自身环境保护功能的体现更多是为了社会、为了后代。

2. 评价要素和指标

表 5－6　企业生产系统评估模型

一级指标（要素）	二级指标（基本指标）	VQ	CQ	PQ	EQ
结构化要素	生产工艺水平		0—100		
	生产设备水平		0—100		
	生产技术水平		0—100		
	生产设施的规模		0—100		
	生产能力		0—100		
	生产能力的弹性		0—100		
非结构化要素	生产人员素质		0—100		
	生产人员管理水平		0—100		
	生产计划编制水平		0—100		
	生产计划执行成效		0—100		
	库存控制方法		0—100		
	原材料产品库存量水平		0—100		
	质量检验水平		0—100		
	质量控制能力		0—100		
	生产可靠性管理		0—100		
	生产员工气氛		0—100		
生存功能	生产新产品的能力			0—100	
	采用新工艺的能力			0—100	

续表

一级指标（要素）	二级指标（基本指标）	VQ	CQ	PQ	EQ
	生产产品质量		0—100		
	生产系统运行质量		0—100		
	生产产品性能		0—100		
	单件产品生产成本控制		0—100		
	生产的连续性			0—100	
	生产的扩展性			0—100	
发展功能	生产的柔性		0—100		
	交货周期水平		0—100		
	环境影响				0—100
	环境保护能力				0—100
	数字化生产水平			0—100	

任何一个生产系统都应该具有六种基本功能，不同的生产系统只是在不同功能的具体要求上有所不同。但是在实际的生产系统中，目标子系统的多样性和相悖性，使得生产系统中的各项功能之间常常是相悖的。在生产系统的功能达到一定的水平之后，一些功能水平的提高会导致另一些能力水平的下降，或者某些功能的改善需要以其他的功能劣化为代价。例如，要提高生产系统的创新功能，就会对保持系统的继承性功能产生影响。因此，如何合理配置各项功能及其强弱、协调它们之间的关系，从而使得各项功能之间相互补充、共同达成生产系统的总体目标、实现生产系统的高绩效是生产系统必须面对和解决的问题。

3. 评价要素的使用说明

表 5－7　企业生产系统评估说明

一级指标（要素）	二级指标（基本指标）	取值	说明
结构化要素	生产工艺水平	0—100	
	生产设备水平	0—100	
	生产技术水平	0—100	
	生产设施的规模	0—100	
	生产能力	0—100	

续表

一级指标（要素）	二级指标（基本指标）	取值	说明
	生产能力的弹性	0—100	
非结构化要素	生产人员素质	0—100	
	生产人员管理水平	0—100	
	生产计划编制水平	0—100	
	生产计划执行成效	0—100	
	库存控制策略	0—100	
	原材料产品库存量水平	0—100	
	质量检验水平	0—100	
	质量控制能力	0—100	
	生产可靠性管理	0—100	
	生产员工气氛	0—100	
生存功能	生产新产品的能力	0—100	
	采用新工艺的能力	0—100	
	生产产品质量	0—100	
	生产系统运行质量	0—100	
	生产产品性能	0—100	
	单件产品生产成本控制	0—100	
	生产的连续性	0—100	
	生产的扩展性	0—100	
发展功能	生产的柔性	0—100	
	交货周期水平	0—100	
	环境影响	0—100	
	环境保护能力	0—100	
	数字化生产水平	0—100	

注：由于基本指标内涵比较清晰，因此暂没有对每个指标的使用进行说明。

五、企业营销系统的4Q评估

1. 企业营销系统

(1) 定义

现代营销系统是指企业以消费者的需要、欲望和需求满足为目标，通过准确的目标市场定位和市场细分，通过企业的生产研制，提供有效的产品、服务、信息和体验，并追求企业品牌的树立和影响力的强化，从而让客户获得企业提供的价值和满意度。营销系统还包括为实现这一目标而建立的营销渠道、供应链、竞争力以及对市场环境的变化趋势的把握和响应。

营销无处不在，无论是有意识还是无意识，任何企业都在从事着各种各样的营销活动，是否建立了完善的系统、系统性地实现了营销则是当前企业发展、创造价值、做强企业的关注重点。对于推销而言，现代营销的理念是以深刻的认识和了解客户为基础、使产品和服务完全适合特定顾客的需求从而实现产品和服务的自我销售。在快速多变的当今世界，营销决策的制定既是一门艺术，也是一门科学。为此，企业必须以建立现代营销系统为目标，为营销决策提供充分的背景信息、洞察力和灵感，把握不断变化的营销环境和持续发展可能遇到的挑战与机遇。

（2）组成

——内部报告

• 订单收款：内部报告系统的核心是订单和收款数据。销售代表、经销商、顾客将订单提交公司，销售部门依据订单发货，包括中间产生的发货单、账单等，确保公司快速准确地完成这些步骤，比如利用互联网、软件系统来提高处理效率。建立企业销售信息系统，以最快的时间和最短的周期掌握企业的销售情况。

• 数据库：公司营销系统中需要建立顾客数据库、产品数据库、销售人员数据库，将信息收集和整合起来。在有可能的情况下，实现对数据的挖掘，有针对性地开展特定客户的营销。

——营销情报。根据公司实际需要，及时准确地获取有关营销环境变化的日常信息，为管理人员提供实时参考数据。

——宏观环境分析。成功的企业需要识别未满足的需求和需求变化的趋势，并能够做出反应，实现企业的盈利。设法创新以解决消费者潜在的真实需求。大的趋势变化虽然缓慢（7~10年），但是一定会发生，一旦形成，对企业能否适应变化提出的挑战也是巨大的。

——**预测和测量**。企业必须能够预测和测量每一种市场机会的大小，企业的其他支撑部门包括财务、生产、人事等，根据预测，事先做好应对准备，以销售预测与需求估计为基础，需要对市场需求进行准确的识别和判断。

2. 评价要素和指标

表5－8　企业营销系统评估模型

一级指标（要素）	二级指标（基本指标）	VQ	CQ	PQ	EQ
内部报告	订单管理		0—100		
	收款管理		0—100		
	顾客数据库		0—100		
	产品数据库		0—100		
	销售人员数据库		0—100		
	销售管理软件系统		0—100		
营销情报	营销情报系统		0—100		
	在线营销情报收集		0—100		
	营销情报的使用		0—100		
宏观环境分析	客户需求分析				0—100
	行业发展趋势分析				0—100
	社会发展大趋势分析				0—100
	新机遇新威胁分析				0—100
	人口环境变化影响				0—100 *
	经济环境变化影响				0—100 *
	社会文化环境变化影响				0—100 *
	自然环境变化分析				0—100 *
	技术环境变化分析				0—100 *
	政治法律环境变化分析				0—100 *
预测和测量	目标市场需求分析			0—100	
	潜在市场需求分析			0—100	
	有效市场需求分析			0—100	
	渗透市场需求分析			0—100	
	未来市场需求估计			0—100	

注：

0—100[*]指的是，有些企业不是环境敏感型，这类指标，在对企业营销系统进行评价的时候，可以不做重点强调。

3. 评价量表设计和使用

表5－9　企业营销系统评估说明

一级指标（要素）	二级指标（基本指标）	取值	说明
内部报告	订单管理	0—100	对以订单为营销核心的企业，评价其管理水平和执行能力
	收款管理	0—100	评估企业收款管理和执行的水平
	顾客数据库	0—100	
	产品数据库	0—100	
	销售人员数据库	0—100	
	销售管理软件系统	0—100	
营销情报	营销情报系统	0—100	训练并鼓励销售人员报告情报，激励销售商提供情报，建立情报分析队伍，利用网络等信息技术收集和处理数据的能力评价评估
	在线营销情报收集	0—100	考虑互联网营销的大趋势，对此项指标单独进行评价，以考察企业在信息社会化背景下，营销系统的反应和应对能力
	营销情报的使用	0—100	在情报收集起来的基础上，沟通、使用这些情况的成效、情况、次数等，对此进行评价评估，反映执行的彻底性
宏观环境分析	客户需求分析	0—100	对本行业的客户需求有深入的分析，对企业的生产、营销是否有指导性
	行业发展趋势分析	0—100	企业所处行业的变化发生情况的分析，当这些情况发生时，不是企业自身力量能够改变的。唯一能做的就是提前感知，提前适应，提前改变，以期顺势而为
	社会发展大趋势分析	0—100	社会的变迁缓慢发生，随着趋势的不断形成，对企业生存产生的影响力是巨大的、不可逆转的，因此从企业发展而言，至关重要
	新机遇新威胁分析	0—100	通过宏观环境分析，是否抓到了新需求、发现了新机遇、感受到了新威胁以及指导企业营销和生产决策发挥作用
	人口环境变化影响	0—100 *	营销需要关注城市、地区的人口规模和增长情况，包括年龄的分布、教育水平、人口迁移等，由此得出正确的结论

续表

一级指标（要素）	二级指标（基本指标）	取值	说明
	经济环境变化影响	0—100 *	在经济环境中，实际购买力取决于现行的收入、价格、储蓄、负债、信贷等要素，影响消费者心理；特别是周期性发生的金融危机，对企业的打击更是致命的，对此，企业要有清醒的认识和应对
	社会文化环境变化影响	0—100 *	社会文化涉及的层面对企业的营销影响主要体现在“看法”上，即企业为满足需求提供的产品和服务与主流文化观点的关系以及是借力还是阻力。随着社会文化观念的潜移默化，对于有些企业的营销影响也是致命的。对此，企业要有清醒的分析和应对
	自然环境变化分析	0—100 *	对于大多数企业而言，自然环境的变化影响都不大。比如现在的大气污染，反而也为很多企业（未来企业）创造新的机会
	技术环境变化分析	0—100 *	技术环境引发的成功的科技创新常常是良性的创造性破坏，有可能形成新产业、新市场、新产品，发生的时候对于很多企业而言是重大挑战与机遇
	政治法律环境变化分析	0—100 *	法律、政府机构有时候能够创造新的商机，这点在国内尤其突出。因此在政策法律环境变化来临时，能够做出及时的响应是抓住新机遇的良机
预测和测量	目标市场需求分析	0—100	企业定期对目标市场中有效的部分、属于企业的部分的市场需求进行分析
	潜在市场需求分析	0—100	消费兴趣分析，能否成为一个市场和真实的需求，是扩展企业潜力和适应环境变化的切入点之一
	有效市场需求分析	0—100	对企业提供的产品或服务有兴趣、有能力消费的群体的分析
	渗透市场需求分析	0—100	对已经购买了企业产品或服务的消费群体的需求分析
	未来市场需求估计	0—100	良好的预测是企业成功的关键之一，企业通过宏观、微观、产业、行业等的综合分析，对未来市场需求做出估计的能力非常重要

六、企业免疫系统4Q评估

1. 企业免疫系统

(1) 定义

企业免疫系统借用生物免疫系统的概念，指出企业在其生命周期中应该具备发现、抵抗、自愈的能力，类似于生物免疫系统在保护其生命健康过程中发挥的作用。严格学术上的定义目前还不明确，有一些研究学者从企业仿生的角度给出了研究结论，而我们研究的目的是对企业健康进行实践性评估和创新，对其定义也是一种简单描述性定义。

把企业视作生命体研究是有意义和有价值的。企业如同生物体一样，同样会经历生老病死。企业可持续发展获得长寿的过程中，不可避免地会不健康、亚健康，会生病。如果能够从企业自身机制设计上，对企业不健康的原因及症状等，做到及时发现、抵抗及产生免疫，那么这些机制、机构、功能所组成的系统就承担了企业免疫系统的职责和使命。

(2) 企业免疫系统的组成及功能

威胁的发现：能够自动、提前发现企业潜在的致病威胁，是免疫系统的第一站防御功能。当企业免疫系统“发现”的功能发挥作用、感知到潜在威胁并触发其他系统联动时，就能够有效预防和降低企业生病的概率。这样的部门，在现代企业组织机构及部门设置中并未显著体现。

破坏的抵抗：当潜在威胁变成现实、风险依然发生、企业自身健康出现问题的时候，企业应具有一种机制响应，实现对破坏不断延伸的抵抗，打响防御的第一仗。俗话说，“人非圣贤，孰能无过”，企业也一样，很多时候，问题的产生、不健康状态的迁延，是不可避免的。这时候，能否抵抗住、不趴下，就体现了企业抵抗、响应、处置的能力。

自愈与修复：企业在发生疾病的时候，首先要能够保持稳定、不动荡；其次要能够通过自身的机制和手段的介入，实现疾病的痊愈；最后，通过每一次的自愈，要能够不断积累知识、经验，实现免疫系统及其他系统的能力提升，实现对自身缺陷和不足的主动修复。

2. 评价要素和指标

表 5－10　企业免疫系统评估模型

一级指标（要素）	二级指标（基本指标）	VQ	CQ	PQ	EQ
威胁的发现	领导重视威胁存在的程度		0—100		
	企业的危机意识程度		0—10		
	企业有认定的主要威胁		0—10		
	企业本位主义的程度		0—10		
	企业延误时机的情况		0—10		
	盲目地采取行动		0—10		
	过于专注个别事件		0—10		
	将问题归咎于外界因素		0—10		
	拒绝创新与实践			0—10	
	拒绝接受变化			0—10	
	团队是否貌合神离		0—10		
	过于骄傲或自卑		0—10		
	官僚主义存在		0—10		
	企业目标狭隘			0—10	
	负责人不作为		0—10		
破坏的抵抗	畅通有效的沟通平台		0—10		
	快速的决策机制		0—10		
	有效的激励机制		0—10		
	鼓励创新实践的政策			0—10	
	外在环境变化的主动感知				0—10
	应急处理机制		0—10		
	风险管理机制		0—50		
	提升企业员工归属感				
	稳健的财务制度				
	审计监察机制的有效				

续表

一级指标（要素）	二级指标（基本指标）	VQ	CQ	PQ	EQ
自愈与修复	组织的学习能力提升		0—10		
	组织的认错能力提升		0—10		
	组织的创新精神主张			0—10	
	提升员工的忠诚度			0—10	
	机制政策的持续改进			0—10	
	企业创新能力的持续提升			0—10	
	借助外部知识库的能力			0—10	
	免疫事件案例及知识积累			0—10	
	不断提升适应环境的能力				0—10
	感知和接受变化的意识				0—10

与其他评估要素一样，免疫系统的评估指标、要素、取值，也是需要不断的实践来检验、挑战、设计和计算的。在粗犷的评估框架下，能够起到指明方向、定位问题的基本作用，能够抓住解决问题的切入点。希望随着不断科学化、理论化，逐步发挥更大作用，也引起更多关注。

3. 评价量表设计和使用

表 5－11 企业免疫系统评估说明

一级指标（要素）	二级指标（基本指标）	取值	说明
威胁的发现	领导重视威胁存在的程度	0—100	
	企业的危机意识程度	0—10	
	企业有认定的主要威胁	0—10	
	企业本位主义的程度	0—10	
	企业延误时机的情况	0—10	
	盲目采取行动	0—10	
	过于专注个别事件	0—10	
	将问题归咎于外界因素	0—10	
	拒绝创新与实践	0—10	
	拒绝接受变化	0—10	

续表

一级指标（要素）	二级指标（基本指标）	取值	说明
	团队貌合神离	0－10	
	过于骄傲或自卑	0—10	
	官僚主义存在	0—10	
	企业目标狭隘	0—10	
	负责人不作为	0—10	
破坏的抵抗	畅通有效的沟通平台	0—10	
	快速的决策机制	0—10	
	有效的激励机制	0—10	
	鼓励创新实践的政策	0—10	
	外在环境变化的主动感知	0—10	
	应急处理机制	0—10	
	风险管理机制	0—50	
	提升企业员工归属感	0—10	
	稳健的财务制度	0—10	
	审计监察机制的有效	0—10	
自愈与修复	组织的学习能力提升	0—10	
	组织的认错能力提升	0—10	
	组织的创新精神主张	0—10	
	提升员工的忠诚度	0—10	
	机制政策的持续改进	0—10	
	企业创新能力的持续提升	0—10	
	借助外部知识库的能力	0—10	
	免疫事件案例及知识积累	0—10	
	不断提升适应环境的能力	0—10	
	感知和接受变化的意识	0—10	

第四节　精神：企业文化

图 5－3　企业文化图示①

一、企业的氛围

企业的氛围包括企业的环境氛围、人际关系、竞争氛围——是死气沉沉还是活泼积极？企业的环境氛围是指企业通过直观的（这里似乎又是看得见摸得着的）外显的环境所反映出来的风格和情调。它通过企业的厂区、车间和办公室的环境布置、装饰效果、宣传栏、标语口号以及员工的服饰、生活设施、文化设施等表现出来。企业内的人际关系即同事关系，同事之间的友谊若以工作和事业为基础，以共同的事业理想为目标，在共同劳动中产生的那种情感将会最长久，年代愈久便会愈加芳香；如果工作上的一团和气是以损害企业利益为前提或与正当的工作相背离的话，即使有些人在社交场上拱手揖让、称兄道弟，一副亲善面孔，好像很有人情味，这种人情面纱下掩盖的也是最冷酷的利益关系。在企业内部形成良好的竞争氛围，通过竞争可以极大地激励员工士气，很好地调动员工的积极性。一个企业如果在内部形成了竞争的氛围，那么，生产效率想不高都不可能。企业特点不同，竞争的方式也会有所不同，而核心都在于建立有效的激励原则和制度。没有适当的激励是无法实现有效竞争的。激励的方式有很多，比如：提高工资、给予物质

① 图片来自网络。

奖励、通报嘉奖、带薪休假等。

二、企业精神

企业精神（Enterprise Spirit/Spirit of Enterprise）指企业员工所具有的共同内心态度、思想境界和理想追求。它表达企业的精神风貌和企业风气。企业精神是企业文化的一项重要而复杂的内容。**所谓企业精神，主要是指企业经营管理的指导思想，**在美国称为“企业哲学”，在日本称为“社风”。精神因素是企业文化的重要内容，是指企业从企业家到普通员工所表现出来的整体精神风貌、理想追求、价值取向，包括员工对待日常工作的基本态度、员工之间进行交流的方式、企业对员工的满意度、员工对企业的忠诚度等。美国著名管理学者托马斯·彼得曾说：“一个伟大的组织能够长期生存下来，最主要的条件并非结构、形式和管理技能，而是我们称之为信念的那种精神力量以及信念对组织全体成员所具有的感召力。”

企业精神是现代意识与企业个性相结合的一种群体意识。每个企业都有各具特色的企业精神，它往往以简洁而富有哲理的语言形式加以概括。一般来说，企业精神是企业全体或多数员工彼此共鸣的内心态度、意志状况和思想境界。它可以激发企业员工的积极性，增强企业的活力。企业精神作为企业内部员工群体心理定式的主导意识，是企业经营宗旨、价值准则、管理信条的集中体现，是构成企业文化的基石。企业精神主要包括企业的敬业精神、执着精神、创新精神。

三、企业的价值观

简而言之，企业的价值观就是企业决策者对企业性质、目标、经营方式的取向所做出的选择，是为员工接受的共同观念。对于一个企业而言，只有当企业内绝大部分员工的个人价值观趋同时，整个企业的价值观才可能形成。与个人价值观主导人的行为一样，企业所信奉与推崇的价值观是企业的日常经营与管理行为的内在依据。

这里所说的价值是一种主观的、可选择的关系范畴。事物是否具有价值，不仅取决于它对什么人有意义，而且还取决于谁在做判断。不同的人很可能做出完全不同的判断。如一个把创新判断为本位价值的企业，当利润、效率与创新发生矛盾时，它会自然地选择后者，使利润、效率让位；同样，另一些企业可能认为企业的价值在于致富，企业的价值在于利润，企业的价值在于服务，企业的价值在于育人，那么，这些企业的价值观分别可称为“致富价值观”“利润价值观”“服务价值观”“育人价值观”。这包括企业的是非观、优劣观、得失观等。

四、企业的习惯

所谓“习惯”，一是“习”，就是学习好的行为和好的做法；二是“惯”，这个“惯”不同于一般的执行意义上的“贯”，而是多了一个“心”字旁，就是要将从心底里感悟到的好行为、好做法付诸执行。

企业好习惯的养成和形成，不能通过简单的行为和行动，而是需要全体员工用心去体会，用心去执行。企业习惯的养成，从企业文化建设的角度讲，就是要使企业价值观在企业经营发展过程中得到真正渗透，并内化在广大员工的心灵深处，外化为员工的具体行为、习惯和性格，固化为规划、制度和机制。企业价值观明确告诉企业员工什么是该做的、什么是不该做的、该怎样做。它对广大员工起着一种非正式的控制系统的作用，而统一的集体行为是实现企业目标的基石，是各项工作围绕企业目标有效运作的重要保证。

企业制度是企业文化强制性的集中体现，它是指企业各项政策、规章制度及贯彻执行方式，虽然体现了一定的强制性，但在企业文化的管理过程中，其强制程度随着员工价值理念的逐步强化而减弱。企业习惯也是企业集体个性的集中体现。如果一个企业没有统一的个性，企业对市场和环境便无法适应。因此，应尽量将不同员工的不同个性融合为企业的共同个性，从而用企业价值观来统揽和规范员工的不同性格走向。作为企业“领头羊”的企业领导者，不应把眼光紧紧盯着报表的利润增减，而应经常深入基层开展调查研究，了解基层疾苦，关心员工生产生活，帮助基层解决实际困难。同时，团队成员之间要坦诚以待，相互支持、相互配合。唯有这样，才能营造出良好的团队管理氛围，激活员工的思维，发挥员工的聪明才智，塑造出广大员工共同认可的企业习惯。这包括遵章守纪、尽心尽力、凡事求果。

第五节　未来：智慧企业

一、引论

1. 何为智慧

智慧（wisdom，wit）是指能够对事物迅速、灵活、正确地理解和处理的能力。依据智慧的内容以及所起作用的不同，可以把智慧分为三类：创新智慧、发现智慧和规整智慧，这是由智力体系、知识体系、方法与技能体系、非智力体系、观念与思想体系、审美与评价体系等多个子系统构成的复杂系统。过去的一切都是智慧的镜子（克·罗塞蒂）；智慧的标志是审时度势之后再择机行事（荷马）；智慧的可靠标志就是能够在平凡中发现奇迹（爱默生）；哪里有智慧，哪里就有成效（俄罗斯民谚）；智慧意味着以最佳的方式追求最高的目标（大哈奇森）。

2. 智慧产业

在生产、制造、管理、流通等环节中应用了信息技术、网络技术和智能技术，使产品或服务能够帮助人们提高快速理解和处理事务的能力，对能够提供这样的产品和服务的产业我们称之为智慧产业；它与传统产业的区别在于，其提供的产品或服务“延伸了人的理解和认识的能力”而不仅仅是处理能力。它突出采用计算机技术和信息处理技术，提高了人们的感知、分析、判断、推理、决策能力，从而扩大延伸和部分替代了人类专家的脑力劳动。

3. 企业需要智慧

一般来说，我们认为所有的企业都具有智慧。因为，企业是由有智慧的人和其他生产资源组织起来的持续运营机构。我们这里提出的企业需要智慧，是指企业家或者说企业的管理者应用现代信息技术，在企业运营过程中，不断提升企业迅速、灵活、正确地理解和处理事务的能力。突出的体现是，企业能够对运营所需要的数据信息进行有效采集、存储、加工和使用，并形成系统。如同人的智力水平和知识水平有很大不同一样，企业在智慧的体现方面也有很大的差异，这种差异不单单体现在企业领袖身上，企业自身运营过程中对信息知识的应用能力和转换能力所体现的智慧程度也很关键。

二、时代背景

1. 信息社会

随着计算机的出现和普及，信息对整个社会的影响逐步提高到一种绝对重要的地位。信息量、信息传播、信息处理的速度以及应用信息的程度等都以几何级数的方式在增长。信息技术的发展对人们学习知识、掌握知识、运用知识提出了新的挑战。由于计算机技术和网络技术的应用，人们的学习速度不断加快。从数字处理时代到微机时代，到网络化时代，学习速度越来越快。信息社会的特点有：信息成了重要的资源；信息和知识是推动社会发展的重要动力；知识以“加速度”方式积累（知识爆炸）；多种形式提供多种感官的信息；等等。这要求我们的管理模式也要适应新的特点和新的模式。展望未来，知识社会将取代信息社会而出现。

2. 大数据时代

最早提出“大数据”时代到来的是全球知名咨询公司麦肯锡。麦肯锡称：“数据，已经渗透到当今每一个行业和业务职能领域，成为重要的生产因素。”人们对海量数据的挖掘和运用，预示着新一波生产率增长和消费者盈余浪潮的到来。进入2012年，大数据（big data）一词越来越多地被提及，人们用它来描述和定义信息爆炸时代产生的海量数据。大数据时代来临，数据迅速膨胀并变大，决定着企业的未来发展。虽然现在企业可能并没有意识到数据爆炸性增长带来的问题和隐患，但是随着时间的推移，人们将越来越多地意识到数据对企业的重要性。正如《纽约时报》在2012年2月的一篇专栏中所称，“大数据”时代已经降临，在商业、经济及其他领域中，决策将日益基于数据和分析做出，而并非基于经验和直觉。哈佛大学社会学教授加里·金说：“这是一场革命，庞大的数据资源使得各个领域开始了量化进程，无论学术界、商界还是政府，所有领域都将开始这种进程。”

3. 创新驱动

创新驱动的背景在国内有鲜明的特殊性。改革开放近40年的时间，国内的大多数企业（中小企业）都经历了由小变大、由大变强的过程，但多数还没有实现变强。此时，遇到了信息社会变革浪潮，遇到了数据时代来临，也即将会遇到战略发展瓶颈问题。在这个内外部环境急剧变化的时代，企业创新是必然选择和制胜之道，别无他法。创新驱动首先是战略选择，是实现企业变强及长寿的战略核心，应该说企业对此的感受无比强烈。当然，也不仅仅是企业，社会各类组织都将面临如何选择创新战略、不断发展壮大的深刻课题。

4. 智能决策

进入21世纪以来，在决策制定过程中，管理者们运用信息化的支持方式已经发生了巨大变化。随着越来越多的决策制定者掌握计算机和信息技术，决策支持系统/商业智能正在不断地演变，从一开始的作为基本的个人支持工具，正迅速地成为整个机构中的重要支撑系统。数据仓库以及分析工具大大提高了跨越机构界限的信息获取。为团队提供的决策支持继续随着群体支持系统的新发展而不断改善，用以在任何时间、任何地点提高协同工作。人工智能方法也正在不断提高决策的质量，并已经渗透到许多应用领域。智能代理执行常规任务，使决策者能够腾出时间，更专注于重要工作，有组织的学习和知识管理的发展使得在任何时间、任何地点为有关问题提供整个机构的专门技术支持成为可能。互联网和企业内部网信息传递系统提高并促进了所有这些决策支持系统的应用和发展。

5. 知识管理

知识像是大自然中的各种宝藏，它代表着过去特定历史环境下人类经验的沉淀和结晶。它本身不会自动自发地产生效能，只有被当下和未来的人类开采出来，并被有机地转化应用到实际生活中去，此时，知识的价值才能得以体现。知识管理（Knowledge Management，KM）就是为企业实现显性知识和隐性知识应用提供新的途径，利用集体的智慧提高企业的应变和创新能力。知识管理包括几个方面工作：建立知识库、促进员工的知识交流、建立尊重知识的内部环境、把知识作为资产来管理。21 世纪，企业的成功越来越依赖于企业所拥有知识的质量，对企业来说，利用其为企业创造竞争优势和持续竞争能力，是一个新的巨大挑战。

三、智慧企业

1. 智慧企业的定义

我们给出的定义是：依靠信息驱动和知识驱动的企业即为智慧企业。它的主要表现是企业的系统性和信息化，服务唯一的提升目标是企业价值，而不是服务于提升企业利润的这个目标。驱动企业发展的资源要素有很多，比如低成本要素、稀缺资源要素、差异化产品要素、专利技术要素等，信息不同于以上的资源要素，如果不利用工具加工管理，信息是不存在的，是看不到的。我们在企业中可以看到大量的报表、数据，但是这些都不是严格意义上的信息，因为对这些报表、数据的解读和利用它们进行的决策，多数情况下具有强烈的主观性。信息驱动要解决的是数据的综合和知识的发现，提升决策、管理、经营、生产等方面的系统性，从而体现智慧。

任何时候谈到智慧都必须具备的能力就是信息转化为知识、知识转化为经验和方法论的能力。传统上我们谈智慧更多是说具有独立思维和知识加工处理能力，那么将智慧映射到具体的事或物的时候，事物本身也应该具备这种仿真能力和知识加工处理能力。具体到智慧企业，就是在企业内部能够全面快速地收集各种信息，信息能够高度共享和协同传递，能够对信息进行知识管理层面的加工创造，形成有价值的专家经验库以指导之后的持续改进。企业本身在智慧架构和信息技术下能够高度自我适应和自我调整，达到高度协同和快速响应，以高效地满足企业的各种业务目标并实现价值。

2. 智慧企业的特征

智慧企业是企业信息技术应用水平达到较高阶段后的能力体现，是其中一种高水平的体现。其主要特征是，在企业中，信息技术的应用从数据流、信息流上升到信息流、知识流。这类企业在可感知、可协同和有智能三个方面具有明显特征：

首先是可感知。企业内的可感知包括两个层面的内容，一个是事本身的可感知能力，一个是人本身的感知信息。企业内的各个业务系统往往就是感知单元，企业业务人员通过业务系统将各种感知信息录入业务系统中，形成各种有价值的业务单据数据，体现信息的整体性和全局性，也体现信息的知识挖掘和综合利用。传统的业务系统往往过于关注标准化的业务流程和业务单据而弱化了人本身的作用，也就是说在企业内有大量的由于人、小组、部门间交换协同形成的各种结构化和非结构化信息，但往往没有进行数据的采集和知识的发现。原有的业务数据要进一步结合产生数据的人、群组、人和人交互、场景和环境等进行分析，才能给出更加有价值的结果。

其次是可协同。企业和人一样，是由多个有生命力、具有独立业务价值的有机单元组成的。要完成企业端到端流程或业务目标，往往需要各个业务单元之间高度的协同。一方面是信息的集中化和信息的共享，其中包括结构化和非结构化信息，企业内首先要形成一个完整的统一化的知识库，才谈得上知识的加工处理和再创造。其次是信息的交互，各个业务部门间、人和人之间需要对各种有价值的业务信息进行快速的交换和协同，同时还要保证数据传递的高效性和一致性问题。第三个方面是资源的复用和整合优化，谈复用是从降低成本和标准化的角度来谈，不管是业务职能、业务功能模块还是业务知识，只要复用就能够大幅提高效率和降低成本，而复用的实现是集中化并以共享服务的方式提供支持，如果延伸到业务领域将涉及人力资源、供应链、财务各种共享服务；延伸到企业内信息化建设，则涉及企业的主数据、共享数据中心、共享服务平台、技术和产品平台等。在协同里面还有一个重要内容，就是虚拟化。移动互联网等技术在企业内部的引入，真正实现了一个无边界的办公环境和桌面。特别是对于高新技术企业来说，后续发展趋势便是云办公、云管理，这完全是一种基于云端应用的虚拟化在线协同团队，大大解放了传统企业环境的制约。

最后是有智能。要实现智慧企业必须要有拟人化的分析能力，而这个需要两个基础，一个是以大量采集数据作为基础，一个是通过长时间模拟验证的分析模型和决策模型。我们可以看到，传统的企业信息化的商业智能（BI）也是按这个模式在走，但是真正用得好的并不多。传统的 BI 可以根据标准化的参考模型得出具体的问题点，却很难分析出产生问题的真正根源。过度地关注数据而缺少对人和环境的关注，会导致分析出现较大的偏差。企业要真正实现智能化、体现智慧绝对不是简单的传统的数据建模和数据仓库、给出一组的指标体系就能完事，更重要的还是更加复杂的数据类型和分析模型、社会化因素引入后的关联分析和现实模拟。

四、智慧企业的构建过程

1. 认知

认知，是构建智慧企业的第一步，主要任务是统一企业在提升智慧、应用信息技术、实施知识管理等方面的认识，梳理企业智慧提升对企业管理的意义，评估企业的管理现状。帮助企业认识是否需要确定智慧管理，并确定智慧管理实施的正确方向。主要工作包括：全面完整地认识智慧管理、对企业中高层进行智慧企业认知培训特别是让企业高层认识到智慧管理的重要性。

2. **规划**

智慧企业的构建和推进是一套系统工程，也是一个持续的过程。在充分认识企业需求的基础上，详细规划是确保智慧企业管理实施效果的重要环节。这个环节主要是通过对企业管理现状、信息类型的详细分析，并结合业务流程等多方面进行归纳梳理。主要工作包括：从战略、企业目标、企业系统、业务流程及岗位等方面来进行信息流规划，制定企业智慧管理相关战略目标和实施策略，并对流程进行合理化改造。

3. **组织系统化**

以坚持系统论为原则指导，组织系统化是实施智慧企业管理的基础。智慧企业管理不同于传统企业管理方法，它强调以信息驱动来管理企业，系统化的目的就是进行信息分区，分成信息的“产生者”和“使用者”，主要任务是以系统化的目标将企业所有部门纳入决策系统、执行系统、生产系统、营销系统和免疫自愈系统；接下来，在每个系统内对信息流的传递方式和使用方式进行描述；然后在每个系统之间设定信息“交互”的接口，从而整体上既分而治之，又集成共享。

4. **建设**

智慧企业的建设分成两个领域：一个是业务领域流程再造，按照系统化的结果，升级业务管理流程和信息流传递流程；另一个是在数据处理领域，利用信息技术构建满足工作需要的软件系统。即使软件系统的建设暂时不能发挥效能，至少在业务领域的建设也会取得显著的成效。企业可以充分利用办公自动化系统、生产管理软件系统、营销软件系统等已有系统，配合手工报表制作，不断提升企业智慧管理水平。随着信息化社会的进步、知识经济社会的未来发展，智慧企业将是大势所趋。

5. 智慧企业系统

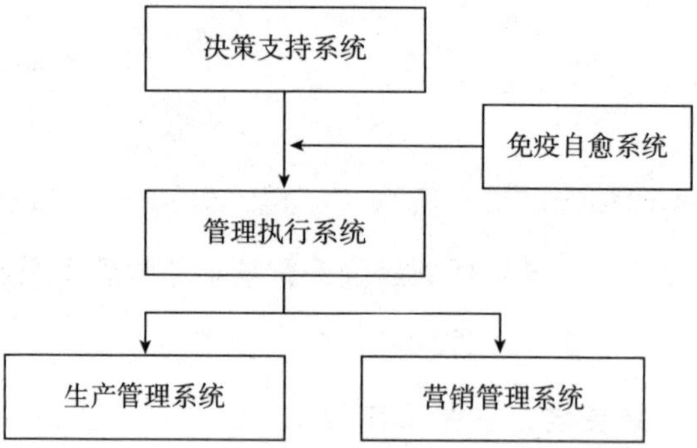

图 5 -4　智慧企业系统概念图

6. 与现有系统的关系

(1) 当前已有的成熟软件系统：

制造执行管理系统（MES—Manufacturing Execution System）；

计算机集成制造系统（CIMS—Computer Integrated Manufacturing Systems）；

企业资源规划管理系统（ERP—Enterprise Resource Planning）；

现场自动化系统（SFC —Shop Floor Control System）；

管理信息系统（MIS—Management Information System）；

办公自动化系统（OA—Office Automation）。

(2) 两者之间的关系：

一是现有成熟系统是智慧企业管理系统构建的基础；

二是智慧企业管理系统是现有成熟系统应用的提升；

三是智慧企业管理系统强调更广泛信息的采集和使用；

四是智慧企业管理系统构建要求现有成熟系统随之进行适应性改变。

第六节　诊治：企业的病症

我们反复提到了企业的健康，类比人的健康和疾病的现象，沿着这个思路，也给出了一些诊断和分析企业健康的方法和模型。如同人体疾病一样，很多“企业疾病”从现象到原因、从单一症状到综合复杂症状，到现在还是处在不断研究和攻克的过程中，而且问题层出不穷，不容易做到全面和十分科学。

这有赖于一步一步的积累和提升，好处在于企业本身并没有人体那么复杂，企业的疾病有一种相对彻底或者说可控的方式来诊治，当然也一定还是有企业因患不治之症而终止运营的情况。

企业因疾病产生而出现大问题，会伤及很多无辜，连带着造成很多家庭出现问题，企业投资人也要蒙受巨大的损失，可以说企业是否健康对社会稳定的影响很大。如果有一天每个可能生病和已经生病的企业都能较早地得到更多有效诊治，将是社会的一大进步。

既然企业的健康对于整个社会、每个家庭以及企业本身而言都是如此的重要，所以有病就不能讳疾忌医，及早诊断并处置是正确的态度和方法。下面，我们就可能的企业病症做一个向前的探索，这还并没有得到充分的实证或者验证，留待以后不断完善这部分工作后，再从可证明可验证的角度进行分析论断。

我们还是从企业的 5 个分系统着手，分别推测可能出现的病症，先假定 5 个分系统合理构建了企业系统。当然，这个定位也可能会发生一些不断的改变。

1. 决策系统

焦虑症；缺氧；供血不足；坏死；专权；孤独；闭塞；近视；远视；盲目；愚昧；愚蠢；观念老旧；没有企业价值观。

2. **执行系统**

目标不清；无视错误失误；奖惩不明；规划缺乏；战略缺失；情报不掌握；对环境变化不敏感；创新不足；人员缺乏积极性；考核不公平；缺乏检查监督；各自为政；不作为；不担当；技能不足；思想不统一；自私本位；耗能；低效；无能；无反馈机制；弄虚作假；不和谐；小圈子；搬弄是非；阳奉阴违；没有文化；没有精神；制度流于形式。

3. **生产系统**

设备老旧；工业落后；技术落后；人才流失；质量不稳；效率低下；成本过高；库存过高；产能不足；产能过剩；资产闲置；资源闲置；员工不稳定；员工素质低；可靠性差。

4. **营销系统**

缺乏规划；战略不清；情报匮乏；反馈不足；产销脱节；需求脱节；消耗大；应收款多；缺乏品牌策划；客户投诉多；售后跟不上；预算无效；缺乏前瞻性；内部互相竞争拆台。

5. **免疫系统**

风险意识不强；无威胁判断；无危机意识；不善于反省；骄傲；自卑；看不到官僚主义；看不到不作为；应急迟钝；无归属感；无审计监督；不善于学习；不善于总结；不愿意请教；无视企业重大危机；不能有效上传；不能有效下达；看不到人浮于事；缺乏跟踪对手；缺乏跟踪榜样一团和气；不够严格严厉。

在现阶段，尝试给出上面的症状本身并不到位。我们的目的只是很认真地扔出一块“砖头”，希望能够引来更多“美玉”。把这种看似很不成熟的观点进行分享，希望能帮助企业从不同维度找准问题、对症下药，不断做大做强。

我想，提出企业症状本身的启发性是有的，虽然距离实际应用还有一定的距离，但若立论可期，离完善和科学即便还有很长很难的路要走，都是有意义的。

第七节　团队：人无完美，但团队应完美

在工作中，朋友们聊天，提到了题目中这句话，深以为然，并且感觉还有很多深意，可以挖掘一下。

人无完人，这是自然。

但是，人应该有不断追求完美的思想和认识，理想和志向，从而去付诸行动，持之以恒，不断抵近目标。千万不能以“人无完人”作为“不能”的借口和说辞，那就永远无法获得进步了。

如何追求人自身的完美呢？

完美品质的人有五个指标：道、德、仁、义、礼（引自黄石公的《素书·原始章》）。道德仁义礼是一个人立身、成事的根本，是古人提出的日常修养的五个具体标准。然而现在，这些品质标准似乎不再被认可和重视。这与社会环境变迁有关，也与现实的生活压力下人们普遍没有时间精力去深入思考有关。

但有一句话，相信所有人都是认同的——“打铁还需自身硬”。所以，从自身所得的“结果”是看不出问题在哪里的，要追根溯源的话，还是自身的“硬度”不够。而这个“硬度”，必然是由思想修养的“高度”决定的。

要实现能力的“硬度”，须先修炼思想的“高度”；有了能力的“硬度”，自然有了竞争的“锐度”。人的社会价值，有一句话总结得挺好，那就是角色的“不可替代性”，当然指各种角色以及其对应的各种价值了。

自然而然，我们看到，从思想的“高度”修炼自己，是必需的。所以，不管环境如何、世态如何、工作如何，有时间有条件的情况下，多多读书、锻炼，修炼灵魂，强健体魄，应成为每个人生命中最本质的追求。

作为一个团队，必须追求完美和达到完美，否则这样的团队就失去了存在的意义——**团队在一起，就是为了战斗！**

团队完美是建立在个体成员不完美的基础之上的，因此这里面有大学问。

首先，带头人是团队是否完美的决定性因素，是精神领袖

我们常常说“火车跑得快，全靠车头带”，“兵怂怂一个，将怂怂一窝”，“良将择明主而侍”，等等，说的都是领头人的极端重要性。这是一个团队好坏的基因。如果带头人出问题了，那么这个团队永远不可能成为完美的团队。所以，团队是否完美，很大程度上是由其带头人的人性修炼程度与高度决定的。从现实的认知角度考虑，有一些建议供参考：①“殚恶斥馋，所以止乱”；②“好直辱人者，殃”；③“慢其所敬者，凶”；④“亲馋远忠者，亡”；⑤“自厚而薄人者，弃之”；⑥“以过弃功者，损”；⑦“多许少与者，怨”；⑧“小功不赏，则大功不立，小怨不赦，则大怨必生”；⑨“赏不服人，罚不甘心者，叛，赏及无功，罪及无罪者，酷”；⑩“听谗而美，闻谏而仇者，亡”。这是我按照自己的理解，从《素书》中择出的十句话，作为给团队带头人修身的参照原则或方法，希望能够引起重视。对领导者更高层面的要求，其落脚点还在于顺应自然之道（特别是人性的部分）、德行高尚、仁爱有加、赏罚分明、彬彬有礼这五条，能做到的必然是优秀的领导者。

其次，成员是团队完美的基石，是原材料和质量保障

一个团队若是“原材料”不好，拥有再好的精神领袖也是枉然，不会有战斗力。所以，这一条强调的是，团队里面的每个人都应具有行业比较优势，具有岗位能力上的不可替代性，即便每个人的缺点看起来都很突出，然而放在一起又是那么的和谐、匹配，这样的团队，也是构建完美团队的基础。

最后，团队的配合磨合是团队完美的表现形式，是战斗力

所谓团队的配合，我们是应该也可以大大地讲情怀的，但本质还在于一致的利益目标及对这个目标实现的认同。所以，有战斗力的团队，一定是能够一起获得利益、公平分享利益的。俗话说，“财散，人聚；财聚，人散”，说的也是如何组建有战斗力的团队的利益机制问题。如果有人认为这太俗、太现实，不够高大上，那么我可以引一句话来说明一下：“德者，人之所得，使万物各得其所欲。”（《素书·原始章》）用现代的语言来理解，就是什么是有“道德”的呢？就是让每个人都能够各得其所欲、得到每个人希望得到的。从这个表述看，道德的标准其实并不高——能够让每个人得到其应该和希望获得的，是最基本的，就是道德。我们看看，现在经常说人不道德、世风日下，这并不是通过提高思想认识能够解决的，也不是灵魂层面的问题，而必须从“满足物欲”的角度做到“公平、公正”；具体到企业，只有从“满足物欲”的角度做到“公平、公正”，大家在一起才能成为一个 Team，否则“为什么”要在一起战斗呢？

个人要修性修身，团队要靠领袖与利益机制，在这两方面打下良好基础，既有可能求得自身不断趋于完美的境界，又可以立竿见影地打造出接近完美的团队，“使万物各得其所欲”。

第六章

趋势案例分析

我们常说大势所趋、趋势制胜、趁势而上等，对于正在创业或者开办企业的朋友而言，当前的趋势是什么，如何在趋势中保持紧密一致，如何定位或者改变企业的发展趋势，这是非常重要甚至生死攸关的选择。每个行业都有其行业发展规律，即便是被很多人唱衰的传统行业也会孕育非常具有爆发力的潜在趋势机会。所以，我们给出一些领域趋势的分析，仅仅是作为启发和分享，因为对趋势的理解和把握恰恰是企业家最重要的事情之一，不会出现千篇一律的选择，也不会出现没有人选择的领域。理解和把握好趋势发展脉搏，给出一些案例分析，是有帮助的，当然这些还不能作为投资决策的依据。希望进一步展示和说明：趋势是创业者和企业家最忠诚的盟友。

第一节　虽有智慧，不如乘势

“虽有智慧，不如乘势。”（《孟子》）

“贵贱无常，时使物然。”（《野客丛书·鹖冠子》）

“人法地，地法天，天法道，道法自然。”（《道德经·第二十五章》）

“天时、地利、人和。”（《荀子·王霸篇》）

“贤人君子，明于盛衰之道，通乎成败之数；审乎治乱之势，达乎去就之理。故潜居抱道，以待其时。若时至而行，则能极人臣之位；得机而动，则能成绝世之功；如其不遇，没身而已。”（《素书·原始章第一》

我们现在来看，上面的这些文字质朴无华、言简意赅，很容易理解，应了大道至简的道理。

同样，在生活、工作等方面，我们是不是感觉到运用这些道理的机会不多呢？这么简单易懂的道理，应该怎样运用，又用到哪里去呢？

其实，这样的道理，在生活、工作中，应该说每时每刻都可以用到，因为“势”有大、有小，“时”有变、有化，所以是应该能时时刻刻用来指导我们的生活、工作的思考和行动的。

行文至此，我特别想从个人创业、企业创新、企业价值提升的综合角度，重点谈谈“做势”与“做事”的关系。“做势”，包含着顺势、乘势、造势、借势、趋势、势气等各个细分部分，这里统一表述为“做势”。就此，我想把“做势”和“做事”这两个内容整合在一起，谈谈观点、谈谈做法。

我总结为：做势与做事紧密相结合，以提升“企业价值”的大局为目标、为格局、为使命，系统来考虑问题，是很有意义的。

关于做势与做事，我给出一个计算表达式：

$$\frac{做势}{做事}=事半功倍$$

上面的表达式在本书的前面出现过一次，这里再次引用这个公式进一步说明“做事”与“做势”之间的关系。它更像一个类比、一个描述。其表达的内涵是，对于初创企业、中小微企业而言，通常无暇顾及“做势”的问题，而这一点，成熟的大企业做得通常比较好，或者说通常都非常重视。

如果初创企业、中小微企业不注重“做势”，而只埋头“做事”，是不足以把企业办好的。每个企业家都希望做到事半功倍。从上面的表达式中可以看到，如果没有了分子在上面的“做势”，全部的注意力仅仅在于分母的“做事”，是不能够实现事半功倍的效果的。而且，分母越大，能够实现的效率就越低，能撬动的杠杆作用就越弱小。

同样的，还有一个乘法公式，也可以作为具体方法论的指引：

$$做事\times做势=快速发展$$

如果脚踏实地、认认真真地把事情做好，实现了“打铁自身硬”的“硬度”，那么此时，插上“做势”的翅膀，企业的发展真的就有可能一日千里——各方英才汇聚、各路资源靠拢，实现兴旺发达了。

总结成一句话：“趋势，是企业家最忠诚的盟友。”任何时候，都不能不明趋势、不顺趋势，否则，将无一丝发展机会。

“势”是客观存在的，有说是“定数”，有说是“变易”“不易”，但是很多时候，趋势显现出来的时候，战略机遇期逐渐形成，必须要及时跟上；趋势隐藏发展的时候，战略机遇期同样潜伏而行，必须要及时储备潜力和制定应对措施。这些，考验的就是“做事”者的判断力、应变力、决断力，这也是区分优劣的大是大非的标准。

第二节 智慧社区分析[①]

一、背景分析

1. 智慧城市

智慧城市（Smart City）是把新一代信息技术充分运用在城市的各行各业之中的、基于知识社会下一代创新（创新2.0）的城市信息化高级形态。智慧城市基于互联网、云计算等新一代信息技术以及大数据、社交网络、Fab Lab、Living Lab、综合集成法等工具和方法的应用，营造有利于创新涌现的生态，实现全面透彻的感知、宽带泛在的互联、智能融合的应用以及以用户创新、开放创新、大众创新、协同创新为特征的可持续创新。

2. 智慧社区

智慧社区是社区管理的一种新理念，是新形势下社会管理创新的一种新模式。智慧社区是指充分利用物联网、云计算、移动互联网等新一代信息技术的集成应用，为社区居民提供一个安全、舒适、便利的现代化、智慧化生活环境，从而形成基于信息化、智能化社会管理与服务的一种新的管理形态的社区。

3. 智慧社区的建设

“智慧社区”建设是将“智慧城市”的概念引入社区，以社区群众的幸福感为出发点，通过打造智慧社区为社区百姓提供便利，从而加快和谐社区建设，推动区域社会进步。基于物联网、云计算等高新技术的“智慧社区”是“智慧城市”的一个“细胞”，它将是一个以人为本的智能管理系统，有望使人们的工作和生活更加便捷、舒适、高效。

---

① 本节重点给出“智慧社区”的概念模型，除该模型的设计和定义之外，其他定义和描述性文字均来源于网络搜索的资料汇编而成。

二、智慧社区概念模型

综合以上的内容，我们从技术和需求两个角度双向出发，对今后智慧社区发展建设提出一种概念模型。

图 6-1 智慧社区概念模型

1. 绿色社区

智慧社区（iCity & iCommunity）概念模型中，绿色社区（iGreen）的基本功能及技术应用定位为：

（1）功能定位。绿色社区的硬件建设主要包括绿色建筑、社区绿化、垃圾分类、污水处理、节水节能等设施，它是在传统绿色社区的基础上，将“人与自然和谐共生”作为主旨，从社区的设计开始到消费、管理，始终贯彻绿色的理念，让社区达到既保护环境又有益于人们的身心健康，同时又与城市经济、社会、环境的可持续发展相统一。“绿色社区”的主要标志是：有健全的环境监督管理体系，有完备有效的污染防治措施，有健康优良的生态环境，有良好的环境文化氛围，居民整体环境意识较高。

（2）技术应用定位。通过信息技术、节能技术、网络技术以及传感器技术构建管理系统、物联网，确保实现绿色社区的功能定位，重点开展绿色社区在线教育和节能低碳系统建设。

利用信息技术，充分调动社区居民积极性，建立社区在线教育平台（论坛），实时、全方位反映和收集当前社区在绿色建设方面的现状、问题、建议、榜样等，充分调动参与积极性，利用 UGC 的模式，推进绿色社区的意识和思想教育。

利用物联网和信息技术及节能技术，建立社区范围内的公共设施节能低碳系统，包括路灯、电梯、自来水等的自动化节能控制。依托技术应用的保障手段，实现社区节能低碳智能化。有条件的社区可以进一步根据绿色节能建筑标准进行改造，更深层次地实现社区的绿色节能环保。

2. **文明社区**

智慧社区（iCity & iCommunity）概念模型中，文明社区（iCivilization）的基本功能及技术应用定位为：

（1）**功能定位**。文明社区是指以行政区划的街道办事处为载体，其辖区内有一定数量的文明小区，能够连点成块，能发动辖区内所有企事业单位和居民群众共同参与精神文明文化建设活动，形成资源共享、优势互补的整体合力。

文明社区的标准：一是组织机构健全、基础设施完善；二是环境整洁优美、绿化美化达标；三是治安状况良好、社会秩序稳定；四是邻里关系和睦、社区风尚良好；五是服务网络健全、群众文化丰富；六是共建共育，形成合力。

社区文化是文明社区的核心，包括文化观念、价值观念、社区精神、道德规范、行为准则、公众制度、文化环境等，其中，价值观是社区文化的核心。社区文化不可能离开一定的载体形态而存在，这种形态既可以是物质的、精神的，也可以是物质与精神的结合。具体来说，社区文化可以包括环境文化、行为文化、制度文化和精神文化四个方面的内容。

文明社区建设的核心是精神文明建设。一方面它是大多数统一价值观的集中体现；另一方面它是当前社会背景下社会管理的主体内容。

(2) **技术应用定位。**文明社区建设在利用以信息技术为代表的新应用方面走得比较靠后，主要原因是缺乏载体和抓手。价值观、精神思想占主导支配地位，更强调形式教育，而缺乏有形的载体统一认识、统一行动、互相感染。

为此，在新的技术时代背景下，特别是在社会信息化快速发展的要求下，建设智慧社区（iCity & iCommunity）的过程中更不应该忽视或放弃社区文明及文化建设。在概念模型中提出文明社区这个部分，是想让大家清楚地认识到，这是实现智慧社区的思想基础和保障。

鉴于此，利用互联网、移动互联网、物联网以及智能终端，构建文明社区（iCivilization）应用系统平台就具有特别的和显著的意义了。

iCivilization 系统分为互联网平台、移动平台，基于物联网的精神文明阵地建设。其中，重点是设计、研发、制造一种在社区建设精神文明阵地建设中使用的自动化智能终端设备，初步考虑有两种设备选型：

- 自动售报机：有两个功能，一是通过把报纸送到门口的方式，能够让社区居民方便地掌握国情、市情，了解各方面政策形势；另一方面，通过这款自动化智能设备提供的电子显示屏，可以灵活发布有关宣传、教育材料，以及实现及时的社区动员。同时，可以通过一部分市场化广告营运，实现自身的可持续发展。不需要政府持续的投入。

- 自助服务机：整合各种可以在线提供的社区、政务服务，通过网络接入社区，将服务前置到居民门口，实现零距离的在线服务。该设备具有强大的数据计算和存储功能，通过网关和数据整合，尽可能实现全覆盖的社区居民服务。在以提供服务为载体的基础上，利用设备的宣传屏幕，通过音视频，开展精神文明宣传、教育。

3. 平安社区

智慧社区（iCity & iCommunity）概念模型中，平安社区（iSafety）的基本功能及技术应用定位为：

(1) **功能定位**。社区是社会的细胞，社区安全是社会稳定、和谐的基石，平安社区是全面建设小康社会、构建和谐社会和平安社会的重要组成部分，是落实以人为本，全面、协调、可持续发展科学发展观的重要措施之一。平安社区建设体现了先进的社区建设理念，贯彻了公众参与、公众受益的原则，是社区改革发展的需要。平安社区建设也是我国适应全球经济一体化、满足政府和企业的社会责任要求的重要内容。

安全社区理念：

- 基本原则：人人都享受安全，人人都享受健康；
- 基本理念：所有类别的伤害预防；
- 方式：资源整合，全员全过程全方位；
- 内容：涵盖生活、工作、环境等诸多领域；
- 目的：降低伤害；
- 模式：持续改进。

平安社区主要考虑的内容包括：

- 交通安全；
- 消防安全；
- 工作场所安全；
- 家居安全；
- 老年人安全；
- 儿童安全；
- 学校安全；
- 公共场所安全；
- 体育运动安全；
- 涉水安全；
- 社会治安；
- 防灾减灾与环境安全。

（2）**技术应用定位**。采用物联网、传感器、WiFi 等技术应用手段，全面构建平安社区的智能安防软硬件系统，特别强调系统的数据综合、资源整合和互通联动。

物联网技术的普及应用，使得城市的安防从过去简单的安全防护系统向城市综合化体系演变，城市的安防项目涵盖众多的领域，有街道社区、楼宇建筑、银行邮局、道路监控、机动车辆、警务人员、移动物体、船只等。特别是针对重要场所，如：机场、码头、水电气厂、桥梁大坝、河道、地铁等场所，引入物联网技术后，可以通过无线移动、跟踪定位等手段建立全方位的立体防护。这是兼顾了整体城市管理系统、环保监测系统、交通管理系统、应急指挥系统等应用的综合安防体系。

进入 21 世纪以来，我们国家开始实施《科技创安》工程，而其中最重要的一项内容就是以科技手段强化企业和住宅小区的智能化安全防范设施建设。

随着智能化安防技术的发展，信息技术的工作量越来越大，更趋向复杂，同时诞生的自动测试系统（Automatic Test System）让数字化安防技术的发展上了一个全新的台阶。自动测试系统技术是将计算机技术、通信技术和检测技术有机地结合在一起的一种新颖技术。

智能安防开发主要包括后端信息数据库的建立、维护和通信端口的运行以及前端应用程序的开发。智能安防建立的信息数据库具有数据一致、完整和安全的特点，最大的优点就是硬件简单，信息传送及时，集布防、报警、检测、记录于一体，结构简单，适用面广，可以面向任何单位和个人使用。

IMS Research 预测，私有云将成为企业视频监控系统的基础设施，在未来几年内将成为一种趋势。私有云能够共享相同的公共云数据，其中包括：数据提供有互联网连接的远程访问、共享数据处理和存储资源的使用。

未来发展定位，iCity 中的 iSafety 将依托现有的软硬件，构建平安社区安全防范的私有云，从松耦合发展成为紧耦合，从注重硬件设施建设到注重数据采集和服务。

4. 健康社区

智慧社区（iCity & iCommunity）概念模型中，健康社区（iHealth）的基本功能及技术应用定位的依据：

国家有关健康服务业政策（摘编）

《国务院关于促进健康服务业发展的若干意见》（国发〔2013〕40号）指出：健康服务业以维护和促进人民群众身心健康为目标，主要包括医疗服务、健康管理与促进、健康保险以及相关服务，涉及药品、医疗器械、保健用品、保健食品、健身产品等支撑产业，覆盖面广，产业链长。加快发展健康服务业，是深化医改、改善民生、提升全民健康素质的必然要求，是进一步扩大内需、促进就业、转变经济发展方式的重要举措，对稳增长、调结构、促改革、惠民生，全面建成小康社会具有重要意义。坚持以人为本、统筹推进，把提升全民健康素质和水平作为健康服务业发展的根本出发点、落脚点，切实维护人民群众健康权益。区分基本和非基本健康服务，实现两者协调发展。统筹城乡、区域健康服务资源配置，促进均衡发展。

到2020年，基本建立覆盖全生命周期、内涵丰富、结构合理的健康服务业体系，打造一批知名品牌和良性循环的健康服务产业集群，并形成一定的国际竞争力，基本满足广大人民群众的健康服务需求。健康服务业总规模达到8万亿元以上，成为推动经济社会持续发展的重要力量。

发展社区健康养老服务。提高社区为老年人提供日常护理、慢性病管理、康复、健康教育和咨询、中医保健等服务的能力，鼓励医疗机构将护理服务延伸至居民家庭。鼓励发展日间照料、全托、半托等多种形式的老年人照料服务，逐步丰富和完善服务内容，做好上门巡诊等健康延伸服务。

发展健康体检、咨询等健康服务。引导体检机构提高服务水平，开展连锁经营。加快发展心理健康服务，培育专业化、规范化的心理咨询、辅导机构。规范发展母婴照料服务。推进全科医生服务模式和激励机制改革试点，探索面向居民家庭的签约服务。大力开展健康咨询和疾病预防，促进以治疗为主转向预防为主。

支持发展健康服务产业集群。鼓励各地结合本地实际和特色优势，合理定位、科学规划，在土地规划、市政配套、机构准入、人才引进、执业环境等方面给予政策扶持和倾斜，打造健康服务产业集群，探索体制创新。要通过加大科技支撑、深化行政审批制度改革、产业政策引导等综合措施，培育一批医疗、药品、医疗器械、中医药等重点产业，打造一批具有国际影响力的知名品牌。

推进健康服务信息化。制定相关信息数据标准，加强医院、医疗保障等信息管理系统建设，充分利用现有信息和网络设施，尽快实现医疗保障、医疗服务、健康管理等信息的共享。积极发展网上预约挂号、在线咨询、交流互动等健康服务。以面向基层、偏远和欠发达地区的远程影像诊断、远程会诊、远程监护指导、远程手术指导、远程教育等为主要内容，发展远程医疗。探索发展公开透明、规范运作、平等竞争的药品和医疗器械电子商务平台。支持研制、推广适应广大乡镇和农村地区需求的低成本数字化健康设备与信息系统。逐步扩大数字化医疗设备配备，探索发展便携式健康数据采集设备，与物联网、移动互联网融合，不断提升自动化、智能化健康信息服务水平。

基本定位：

（1）**功能定位**。社区是由社会群体或社会组织聚集在一定的地域里形成的生活上相互关联的集体。社区健康服务是以人群和基层作为着眼点。目前不论发达国家或发展中国家都在推行社区健康服务。因此，各级政府部门要进一步提高对发展社区健康服务的思想认识，即把健康与社会经济的双向性作用落实到社区，这也成为各级政府义不容辞的职责。

全面普及科学健身知识，广泛开展全民健身运动，加强社区内体育健身团队的建设，保持体育设施完好，做好社区居（村）委会、主要单位和各类团队的发动工作，利用社区体育设施，发挥体育指导员和居民体锻积极分子的作用，组织各种项目的体育锻炼活动，吸引和鼓励更多的居民参加一项固定的体育运动，使居民的健身活动具有更强的目的性和针对性。

联合专业的医疗服务机构开展专业的健康教育，提供有效的健康评估服务，以便能够尽早发现问题，统合运用资源，拟订解决方案，以改善及促进社区的健康状态。

（2）**技术应用定位**。建立数字化健康管理，以社区为核心，以家庭为单位，以老人、妇女、儿童和慢性病人为重点服务对象；以健康为中心，集预防、医疗、保健、康复、优生优育指导为服务内容，利用现代的网络技术、通信技术、控制技术和一些医疗设备终端，将医疗服务、医疗延伸服务、健康教育引入家庭，最大限度地体现这些服务的及时性、实时性、随时性、交互性、多媒体化。居民不受时间、地域的限制，可充分地享受健康服务和健康教育。

健康教育平台：iHealth + hRoom

利用移动互联网（互联网），构建iHealth的社区健康教育平台（网上健康社区），提供在线健康咨询、亚健康管理，开展亚健康的培训、调查、评估、诊断、调整、监控等信息服务，结合智能可穿戴健康设备提供在线健康监测。后端建立数字健康档案，提供卫生健康规划，及时预警健康问题。根据场地情况，在社区内建立健康教室（hRoom），重点开展个人舒压训练，比如：心理宣泄室等专业化场所。

健康服务平台：iHealth + vDoctor

这里重点分析一下vDoctor的目的和作用，vDoctor的内涵是虚拟医生。考虑社区的现实情况，vDoctor由软件、硬件、知识库、在线医疗、远程医疗等部分和功能组成。从实物上看，vDoctor是可移动检查、诊疗室。从功能上看，具有网络通信、视频通信功能，支持远程医疗和在线医疗。从性能上看，构建连接iHealth数据中心的知识库、专家库的高性能专家决策能力，提供早期、预判的诊断结果。同时，可作为面向社区服务的医疗服务站、免费药品发放站等。

第三节　智慧旅游综述①

一、基本信息

1. 概念

“智慧旅游”是一个全新的命题。它是一种以物联网、云计算、下一代通信网络、高性能信息处理、智能数据挖掘等技术在旅游体验、产业发展、行政管理等方面的应用，使旅游物理资源、营销及服务资源、信息资源等得到高度系统化整合和深度开发激活，并服务于公众、企业、政府等面向未来的全新的旅游形态。它以融合的通信与信息技术为基础，以游客互动体验为中心，以一体化的行业信息管理为保障，以激励产业创新、促进产业结构升级为特色。智慧旅游的建设与发展最终将体现在旅游管理、旅游服务和旅游营销的三个层面，核心是以游客为本的高效旅游信息化服务。

第一批 18 个城市入选“国家智慧旅游试点城市”分别是：北京、武汉、福州、大连、厦门、洛阳、苏州、成都、南京、黄山、温州、烟台、无锡、常州、南通、扬州、镇江、武夷山。

智慧旅游利用信息化的技术，把一些旅游资源进行整合，然后为广大游客量身定做，提供适需对路的旅游产品。如澳门 2012 年接待内地游客 1000 多万，它的信息平台能够体现各省的具体人数及排名。但在国内许多旅游城市，每年接待的游客数量远高于澳门旅客人数，可他们分别都来自哪里、各有多少人，不清楚，连客源地构成情况、游客指向及发展趋势都不明朗，由此很难开发出具有针对性适销对路的旅游产品。

2. 历史发展

2010 年，江苏省镇江市在全国率先创造性提出“智慧旅游”概念。开展“智慧旅游”项目建设，开辟“感知镇江、智慧旅游”新时空。镇江“智慧

---

① 根据百度百科及其他互联网资料修编。

旅游”的核心技术之一“感动芯”，并在北京奥运会、上海世博会上得到应用。中国标准化委员会批准“无线传感自组网技术规范标准”由镇江市拟定，使得镇江市此类技术的研发、生产、应用和标准制定在全国处于领先地位，为智慧旅游项目建设提供了专业技术支撑。

2010 年，在第六届海峡旅游博览会上，福建省旅游局率先提出建设“智能旅游”概念，并在网上建立“海峡智能旅游参建单位管理系统”。福建启动了“智能旅游”的先导工程——“三个一”工程建设：一网（海峡旅游网上超市），一卡（海峡旅游卡，包括银行联名卡、休闲储值卡、手机二维码的“飞信卡”以及衍生的目的地专项卡等），一线（海峡旅游呼叫中心，包括公益服务热线和商务资讯增值预订服务热线）。海峡旅游银行卡 2010 年已面向福建省内外游客发行，海峡旅游呼叫中心新平台 2011 年 1 月 1 日也正式开通试运行。

2011 年 4 月 13 日，南京“智慧旅游”建设启动，南京市旅游园林局介绍：面对越来越大的体量和越来越多的旅游产品，越来越高的需求水准和越来越激烈的市场竞争，要想把旅游产业做强，使旅游产业快速健康发展，就必须依靠现代科技的力量，采用一种低成本、高效率的联合服务模式，用网络把涉及旅游的各个要素联系起来，从而为游客提供智慧化的旅游服务，为管理部门提供智能化的管理手段，为旅游企业提供更高效的营销平台和广阔的客源市场。

南京此次启动“智慧旅游”建设，重点突出三大核心目标：为来宁游客提供更便捷、智能化的旅游体验；为政府管理提供更高效、智能化的信息平台；促进旅游资源活化为旅游产品、放大资源效益。采用“政府主导、多方参与、市场化运作”的运作模式，联合社会各方优势资源，共同推进“智慧旅游”建设，这正是顺应了现代旅游业发展的要求和趋势。

2011 年 9 月 27 日，苏州“智慧旅游”新闻发布会正式召开，苏州市旅游局正式面向游客打造以智能导游为核心功能的“智慧旅游”服务，通过与国内智能导游领域领先的苏州海客科技公司的合作，将“玩伴手机智能导游”

引入“智慧旅游”中，大幅提升来苏游客的服务品质，让更多游客感受到“贴身服务”的旅游新体验，为提升苏州整体旅游服务水平打下良好基础。

2011 年，黄山旅游局开始建立智慧旅游综合调度中心，主要由“旅游综合服务平台”和“旅游电子商务平台”（途马网）构成，具有“管理、服务、展示、经营”四大功能。

2011 年 11 月，洛阳旅游体验网、洛阳旅游资讯版、洛阳旅游政务版以及英、日、法、俄、韩、德等 6 个语种的外文版旅游网站已经建成。2011 年牡丹文化节期间，市旅游局还与洛阳移动公司联合推出电子门票，开通新浪洛阳市旅游局官方微博等，形成立体交叉的互联网、物联网旅游服务体系，在吸引游客方面作用明显，初步打造出“智慧旅游”的基础设施，今后将在现有的基础上进一步提升“智慧旅游”服务内容。

3. 重要机遇

支撑智慧旅游的技术逐渐成熟和完善，有关政策环境日益优化，打造智慧旅游的时机已经到来。

首先，云计算、物联网/泛在网、移动通信/移动互联网是智慧旅游的必要条件，这些条件已经具备，推动智慧旅游进入建设阶段。云计算是在分布式计算、并行计算、网格计算的基础上提出的一种新型计算模型。它提供了可靠安全的数据存储、强大的计算能力和方便快捷的互联网服务。国内不少地方正在准备建设云计算中心。旅游业运用云计算，搭建旅游信息平台，其优点在于：第一，可以将大量甚至海量的旅游信息存放于云计算中心，旅游者可以直接在平台上查询各种旅游信息，无须东找西找，这些平台信息最终连接到目标信息，类似于 google、百度搜索，使用起来十分方便；第二，许多中小型旅游企事业单位无需自己购买服务器和建立网站，只需将信息存放在云计算中心，便可管理和发布旅游信息，大大降低了成本。

其次，智能手机和平板电脑的发展，为智慧旅游提供了强劲硬件支撑移动互联网的发展，也促进了智能移动终端蓬勃发展。其中，智能手机和平板电脑将是下阶段的生力军。智能手机除了具有手机的功能，也具有电脑的许多功能，如上网、处理电子邮件、看书/文件、交友、玩游戏等；还具有电脑所不具备的功能，如拍照/录象、GPS 导航等。智能手机强大的功能使其成为许多人士的厚爱，我国智能手机的占有率已达到 10%，而美国、日本等国则更高。世界上许多手机生产商如 apple、sumsung、华为、htc 和联想等，和许多软件系统如苹果的 Ma－cOSX、谷歌的 android、微软 wp7 等，都将智能手机作为未来的主要发展方向，而电脑也在逐渐克服其不足的一面，超便携是其发展方向，功能更多，体积更小，已经经历了从笔记本到上网本再到平板电脑的历程。2010 年初，苹果推出 iPad 平板电脑大热以后，世界各地掀起了平板电脑热，许多大电脑制造商纷纷跟进，准备推出自己的平板电脑，而小制造商的仿制品正在渗入市场。智能手机和平板电脑的超便携性，为智慧旅游提供了硬件支撑，使移动互联网有了使用的载体。

第三，政策环境日益优化。国家中长期科技发展规划纲要（2006—2020）第三部分（重点领域及其优先主题）中第 7 点（信息产业及现代服务业）首先提到的优先主题：“现代服务业信息支撑技术及大型应用软件。重点研究开发金融、物流、网络教育、传媒、医疗、旅游、电子政务和电子商务等现代服务业领域发展所需的高可信网络软件平台及大型应用支撑软件、中间件、嵌入式软件、网格计算平台与基础设施，软件系统集成等关键技术，提供整体解决方案。”从政策层面上把旅游和云计算（网格计算）结合起来，作为信息产业优先发展的主题，也说明了基于云计算技术的旅游信息平台是智慧旅游的基础。2009 年，国务院出台了《关于加快发展旅游业的意见》，第五条提出：“建立健全旅游信息服务平台，促进旅游信息资源共享。”第十条提出：“以信息化为主要途径，提高旅游服务效率。积极开展旅游在线服务、网络营销、网络预订和网上支付，充分利用社会资源构建旅游数据中心、呼叫中心，全面提升旅游企业、景区和重点旅游城市的旅游信息化服务水平。”说明旅游信息服务政策已经被提上议事日程，尤其是要建立一个能共享旅游信息的大型平台。

二、智慧表现

1. 服务智慧

智慧旅游从游客出发，通过信息技术提升旅游体验和旅游品质。游客在旅游信息获取、旅游计划决策、旅游产品预订支付、享受旅游和回顾评价旅游的整个过程中都能感受到智慧旅游带来的全新服务体验。

智慧旅游通过科学的信息组织和呈现形式，让游客方便快捷地获取旅游信息，帮助游客更好地安排旅游计划并形成旅游决策。智慧旅游通过物联网、无线技术、定位和监控技术等，实现信息的传递和实时交换，让游客的旅游过程更顺畅，提升旅游的舒适度和满意度，为游客带去更好的旅游安全保障和旅游品质保障。智慧旅游还将推动传统的旅游消费方式向现代的旅游消费方式转变，并引导游客养成新的旅游习惯，创造新的旅游文化。

2. 管理智慧

智慧旅游将实现传统旅游管理方式向现代管理方式转变。通过信息技术及时准确地掌握游客的旅游活动信息和旅游企业的经营信息，实现旅游行业监管从传统的被动处理、事后管理向过程管理和实时管理转变。

智慧旅游将通过与公安、交通、工商、卫生、质检等部门形成信息共享和协作联动，结合旅游信息数据形成旅游预测预警机制，提高应急管理能力，保障旅游安全。实现对旅游投诉以及旅游质量问题的有效处理，维护旅游市场秩序。

智慧旅游依托信息技术，主动获取游客信息，形成游客数据积累和分析，全面了解游客的需求变化、意见建议以及旅游企业的相关信息，实现科学决策和科学管理。

智慧旅游还鼓励和支持旅游企业广泛运用信息技术，改善经营流程，提高管理水平，提升产品和服务竞争力，增强游客、旅游资源、旅游企业和旅游主管部门之间的互动，高效整合旅游资源，推动旅游产业整体发展。

3. 营销智慧

智慧旅游通过旅游舆情监控和数据分析，挖掘旅游热点和游客兴趣点，引导旅游企业策划对应的旅游产品，制定对应的营销主题，从而推动旅游行业的产品创新和营销创新。

智慧旅游通过量化分析和判断营销渠道，筛选效果明显，可以长期合作的营销渠道。

智慧旅游还充分利用新媒体传播特性，吸引游客主动参与旅游的传播和营销，并通过积累游客数据和旅游产品消费数据，逐步形成自媒体营销平台。

三、主要功能

1. 导航

将位置服务（LBS）加入旅游信息中，让旅游者随时知道自己的位置。确定位置有许多种方法，如 GPS 导航、基站定位、WiFi 定位、RFID 定位、地标定位等，未来还有图像识别定位。其中，GPS 导航和 RFID 定位能获得精确的位置。但 RFID 定位需要布设很多识别器，也需要在移动终端上（如手机）安装 RFID 芯片，离实际应用还有很大的距离。GPS 导航应用则要简单得多。一般智能手机上都有 GPS 导航模块，如果用外接的蓝牙、USB 接口的 GPS 导航模块，就可以让笔记本电脑、上网本和平板电脑具备导航功能，个别电脑甚至内置有 GPS 导航模块。GPS 导航模块接入电脑，可以将互联网和 GPS 导航完美地结合起来，进行移动互联网导航。

传统的导航仪无法做到及时更新，更无法查找大量的最新信息；而互联网信息量大却无法导航；高端的智能手机有导航，也可以上互联网，但二者没有结合起来，需要在导航和互联网之间不断地切换，不甚方便。

智慧旅游将导航和互联网整合在一个界面上，地图来源于互联网，而不是存储在终端上，无须经常对地图进行更新。当 GPS 确定位置后，最新信息将通过互联网主动地弹出，如交通拥堵状况、交通管制、交通事故、限行、停车场及车位状况等，并可查找其他相关信息。与互联网结合是导航产业未来的发展趋势。通过内置或外接的 GPS 设备/模块，用已经连上互联网的平板电脑，在处于运动中的汽车上进行导航，位置信息、地图信息和网络信息都很好地显示在一个界面上。随着位置的变化，各种信息也及时更新，并主动显示在网页和地图上，体现了直接、主动、及时和方便的特征。

2. 导游

在确定了位置的同时，在网页和地图上会主动显示周边的旅游信息，包括景点、酒店、餐馆、娱乐、车站、活动（地点）、朋友/旅游团友等的位置和大概信息，如景点的级别、主要描述等，酒店的星级、价格范围、剩余房间数等，活动（演唱会、体育运动、电影）的地点、时间、价格范围等，餐馆的口味、人均消费水平、优惠活动……

智慧旅游还支持在非导航状态下查找任意位置的周边信息，拖动地图即可在地图上看到这些信息。周边的范围大小可以随地图窗口的大小自动调节，也可以根据自己的兴趣点（如景点、某个朋友的位置）规划行走路线。

3. 导览

点击（触摸）感兴趣的对象（景点、酒店、餐馆、娱乐、车站、活动等），可以获得关于兴趣点的位置、文字、图片、视频、使用者的评价等信息，深入了解兴趣点的详细情况，供旅游者决定是否需要它。

导览相当于一个导游员。我国许多旅游景点规定不许导游员高声讲解，而采用数字导览设备，如故宫，需要游客租用这种设备。智慧旅游则像是一个自助导游员，有比导游员更多的信息来源，如文字、图片、视频和 3D 虚拟现实，戴上耳机就能让手机/平板电脑替代数字导览设备，无须再租用这类设备了。

导览功能还将建设一个虚拟旅行模块，只要提交起点和终点的位置，即可获得最佳路线建议（也可以自己选择路线），推荐景点和酒店，提供沿途主要的景点、酒店、餐馆、娱乐、车站、活动等资料。如果认可某条线路，则可以将资料打印出来，或储存在系统里随时调用。

4. **导购**

游客经过全面而深入的在线了解和分析，已经知道自己需要什么了，那么可以直接在线预订（客房/票务）。他们只需在网页上自己感兴趣的对象旁点击“预订”按钮，即可进入预订模块，预订不同档次和数量的对象。

由于利用的是移动互联网，游客可以随时随地进行预订，加上安全的网上支付平台，就可以随时随地改变和制订下一步的旅游行程，不浪费时间和精力，也不会错过一些精彩的景点与活动，甚至能够在某地邂逅特别的人，如久未谋面的老朋友。

四、进展现状

1. **示范工程**

为进一步提升智慧旅游景区建设水平，交流智慧旅游景区建设经验，鼓励和引导景区为游客提供更便捷、智能的旅游体验服务，并进一步加强旅游景区质量等级评定国家级检查员队伍建设，2012 年 11 月 8 日至 9 日，国家旅游局在四川省都江堰市召开了全国智慧旅游景区建设现场会暨旅游景区质量等级评定国家级检查员培训班。会议公布了全国 22 家景区为“全国智慧旅游景区试点单位”。

根据“国家智慧旅游服务中心”的发展规划，智慧旅游将包括 5 个示范工程，主要包括：智慧旅游示范城市、IT 上市企业、数字景区示范工程、智慧酒店示范工程和智慧旅游购物示范点。

镇江“国家智慧旅游服务中心”建设获得批复后，南京、苏州、常州、无锡、镇江、扬州和南通 7 市建立了“智慧旅游联盟”，并联合其他兄弟城市从城市智慧旅游逐步向城市群、区域性智慧旅游发展，形成点、线、面、网的连接和结合。南京市智慧旅游规划通过评审并开始实施《“智慧旅游”总体设计方案》。

无锡市按照中央关于建设旅游与现代服务城要求，发挥物联网和互联网“两网”优势，提出“感知中国中心”理念，并制定了智慧旅游示范方案。作为全国智慧城市试点城市的扬州，《“智慧扬州”行动计划》已经完成初稿，智慧旅游总体规划正在抓紧编制。

全国各地建设智慧旅游的热情高涨，2011 年 7 月，湖南省旅游局长座谈会透露，湖南省将着力创建“智慧旅游城市”和“智慧旅游景区”。8 月，中国智慧城市（镇）发展指数新闻发布会在京举行，提出发展智慧城市，是“十二五”提高城镇化质量、推进城市生产、生活和管理方式创新的重要举措。2011 年年底，牡丹江市工信委组织有关专家编写了《基于物联网技术的“智慧旅游城市”创意方案》。

2. 景区提升

智慧景区的提升应当从通信网络、景区综合管理、电子门票与电子门禁、门户网站与电子商务、数字虚拟景区与虚拟旅游、游客服务与互动体验、旅游故事及游戏软件这几方面综合考虑。

总结“智慧旅游”总体建设方案至少应包括如下内容：项目背景、需求分析、建设目标、总体构架、建设内容和项目、实施步骤、投资及运营模式、经费预算（含软硬件建设经费）、组织保障、绩效评估等。

同时，智慧景区建设是一个复杂的系统工程，景区应结合自身特点，既要因地制宜，又要兼顾大局，统一标准，规范建设。为实现全行业管理和旅游资源的有效整合，形成管理合力和规模效应，在建设过程中，应共同遵循以下建设原则：

总体部署，分步实施：景区要按照建设部的总体部署，做好智慧景区建设总体方案编制工作，制定不同阶段的建设目标，在城建司的指导下，分阶段逐步实施，确保智慧景区建设取得成效。

统一标准，保障共享：智慧景区重点建设项目，要按照建设部统一标准，实施规范建设，确保实现行业管理的信息共享。

整合资源，集约发展：对于关系到全行业资源整合的重点建设项目，建设部将统一协调或组织建设，打造行业品牌，形成管理合力，实现规模效应。

突出重点，先急后缓：各景区要根据自身实际情况，制订切实可行的智慧景区建设总体方案。按照突出重点、先急后缓的原则，优先建设景区资源保护和经营管理需求迫切、投资小见效快的重点建设项目。

实用可靠，适度先进：系统建设要注重实效，在技术选型方面要注意选择技术成熟度好、实用可靠并适度先进的技术。避免盲目引用不成熟的新技术，造成建设资金浪费。

创新机制，市场运作：智慧景区建设要注重产业化经营管理机制的创新，借鉴国际先进理念，引入市场运作机制，促进资源保护与旅游服务产业的良性互动和协调发展。

3. 构建网络

全国各地、各景区开展了形式多样的智慧旅游景区建设工作，如北京推进A级旅游景区无线上网工作等。国家旅游局也正与百度网合作开发“全国旅游景区动态监测与游客评价系统”，与国家测绘地理信息局合作为游客提供景区地理和空间定位信息服务，建成了“全国A级旅游景区管理系统”，启动了智慧旅游城市试点工作。

4. 安全监管

通过信息技术，可以及时准确地掌握游客的旅游活动信息，实现行业监管的动态化、适时化。通过与公安、工商、卫生、质检等部门的信息共享与协作，实现对旅游投诉以及旅游质量问题的有效处理，维护旅游市场秩序。

一些地方在通过信息化提高行业管理能力方面进行了大胆的尝试。张家界通过“一诚通”信息系统、云南省旅游运输公司运用GPS定位系统，将旅行社、旅游购物商店、旅游客车等信息结算和管理集合起来，实现了即时动态化监管，对规范旅游市场秩序发挥了积极作用。

5. 鲶鱼效应

互联网已经被视为继报刊、广播、电视之后的第四媒体，互联网也将因此在未来的旅游营销中扮演更为重要的角色。面对信息时代，网络视频营销、博客营销、互联网社区营销、短信平台营销甚至线上虚拟旅游的体验式营销等营销方式，正在被一些具有前瞻眼光的旅游目的地和旅游企业采用。

但总体来看，在我们的旅游营销中对信息技术的运用还远远不够，与旅游发达国家还有很大的差距。要鼓励和支持旅游企业更好地利用新兴媒体开展营销，提高营销的针对性和有效性。例如，中国的入境旅游增长困难，其中有世界经济形势总体低迷等客观原因，但旅游营销方式创新不够也是一个不容忽视的因素。我们驻外办事处很大的精力放在参加几十场旅游交易会上，但可能忽略了互联网是一个永不落幕的旅游交易会。

旅游业是否实现了现代化，很重要的一条是旅游企业现代化。为此要推动传统的旅行社、旅游饭店、旅游景区广泛采用信息技术。一些旅游企业已经有自己的网站，一些旅游企业也在尝试在线商务运营。但总体来看，信息技术在传统旅游企业中的运用还很不够，需要我们下大力气加以推动。我们要特别注意鼓励新型旅游电子商务企业的发展，因为这些企业不仅可以创造一种新型经营模式，还可以产生“鲶鱼效应”，逼迫传统企业改造提升，包括老牌旅游企业携程以及朋游风景网等在内的新型企业正在重塑旅游市场竞争格局。

进入休闲时代，旅游者的需求将向个性化需求方向发展，而科技会继续推动旅游业向前发展，并使其更加多元化，自驾车旅游、在线旅游、房车旅游等新的旅游方式正在快速发展，旅游业为满足这部分新兴需求，从技术层面说，就要实现“智慧旅游”，通过信息化，还可以及时监测各种突发事件，预防旅游安全事故，提高我们的应急管理能力，有效处理安全事故。新型旅游电子商务企业的发展，不仅可以创造一种新型经营模式，还可以产生“鲶鱼效应”，逼迫传统企业改造提升，推动旅游企业现代化，实现旅游服务的智慧化、旅游管理的智慧化、旅游营销的智慧化，从而实现在以人为本的服务基础上，体现体验的科学性及高效性。

五、创新细节

(1) 在推进旅游信息化建设中，是提“智慧旅游”还是提“智能旅游”，见仁见智，各取所好。但从政府主管部门层面，作为一个行业的新业态，作为一项事关产业发展方向的全国性系统工程，应该只有一个规范的、统一的专门用语，以利于规范化建设与管理。时下“智慧旅游”是一个热门话题。国家旅游局提出争取用10年时间，在我国初步实现“智慧旅游”，建成一批“智慧城市”“智慧景区”“智慧饭店”等，并在江苏镇江建设“国家智慧旅游服务中心”。此后，“智慧旅游”被写进了不少地方政府的旅游文件中，写进了许多省市的“十二五”旅游发展规划中。

(2) 什么是“智慧旅游”？概括众多说法，其内容大致有：在旅游消费层面，具有电子导览、导航、导游、导购、投诉等功能，旅游消费的各个环节都可以通过网络搞定，免去种种烦琐手续、省去不少精力时间；在旅游经营层面，从市场调研、设计产品、市场营销、接待服务、客户管理、财务管理、人力调配、物务计调和安全监控等各个方面，均可实行数字管控；在旅游管理层面，从调查统计、宣传推广、政务发布、行业管理和市场监控等各方面，都可以使用网络完成，实现政务数字化。其实，“智慧旅游”的基本内容早在2009年底国务院《关于加快发展旅游业的意见》中已出现：“以信息化为主要途径，提高旅游服务效率。积极开展旅游在线服务、网络营销、网络预订和网上支付，充分利用社会资源构建旅游数据中心、呼叫中心，全面提升旅游企业、景区和重点旅游城市的旅游信息化服务水平。”所谓“智慧旅游”，实质上是全面提升旅游业的信息化水平。

(3) “智慧旅游”使“中国旅游业由‘信息化’时代和‘数字化’时代大步迈进‘智慧化’时代”。“智慧化”仍然包含在“信息化”“数字化”进程之中，或者是“信息化”、“数字化”的延伸，并无这个“时代”与那个“时代”之分。之所以把“智慧旅游”炒得如此热，是拾了美国一家IT企业的牙慧。2009年，美国IBM公司提出Smart Planet战略构想、并译成“智慧地球”，由此衍生出 Smart City（“智慧城市”）、Smart Tourism（“智慧旅游”）等。该公司提出的“智慧地球”就是把电子感应器嵌入电网、铁路、桥梁、隧道、公路、建筑、供水系统、大坝、油气管道等各种物体中，并将之普遍连接形成“物联网”，然后将“物联网”与现有的互联网整合起来，实现人类社会与物理系统的整合。在 IBM 的宣传中，“智慧地球”所包括的领域极为广泛，涉及民生基建和国家战略，甚至军事领域。

（4）2012 年 5 月 10 日，北京智慧旅游行动计划纲要发布暨工作部署大会在北京长富宫饭店隆重召开。会上，北京市旅游发展委员会正式发布了《北京智慧旅游行动计划纲要（2012—2015 年）》和“智慧景区”“智慧饭店”“智慧旅行社”和“智慧旅游乡村”四个建设规范。由北京市旅游发展委员会召集，北京市各旅游业态领军单位、各相关科技企业和科研院校共同发起的北京“智慧旅游联盟”也同时宣告成立。

六、研究与政策动态

1. 二次革命

2008 年，奥巴马就任美国总统后，在他与美国工商业领袖举行的圆桌会议上，IBM 首席执行官彭明盛首提“智慧地球”概念，其目标是让世界的运转更加智能化，涉及个人、企业、组织、政府、自然和社会之间的互动，而他们的任何互动都将是提高性能、效率和生产力的机会。智慧地球的核心就是以更智慧的方法，通过利用新一代信息技术来改变政府、公司和人们互动的方式，以便提高互动的明确性、效率、灵活性和响应速度，以更透彻的感知、更全面的互联互通、更深入的智能化为特征。地球体系智能化的不断发展也为我们提供了更有意义的、崭新的发展契机。随即智慧的电力、智慧的交通、智慧的医疗、智慧的食品、智慧的银行、智慧的石油等相继成为各行业发展的目标。

智慧旅游是智慧地球建设的重要组成部分，就是利用云计算、物联网等新技术，通过互联网/移动互联网，借助便携的终端上网设备，主动感知旅游资源、经济、活动和旅游者等方面的信息并及时发布，让人们能够及时了解这些信息，及时安排和调整工作与旅游计划，从而达到对各类旅游信息的智能感知、方便利用的效果，通过便利的手段实现更加优质的服务。智慧旅游有以下四个特点：

全面物联——智能传感设备将旅游景点、文物古迹、城市公共设施物联成网，对旅游产业链上下游运行的核心系统实时感测。

充分整合——实现全市景区、景点、酒店、交通等设施的物联网与互联网系统完全连接和融合，将数据整合为旅游资源核心数据库，提供智慧的旅游服务基础设施。

协同运作——基于智慧的旅游服务基础设施，实现旅游产业链上下游各个关键系统和谐高效的协作，达成城市旅游系统运行的最佳状态。

激励创新——鼓励政府、旅游企业和旅游者在智慧的旅游服务基础设施之上进行科技、业务和商业模式的创新应用，为城市提供源源不断的发展动力。

在信息技术取得突破性进展的背景下，国外的旅游信息化建设正不断向纵深发展。近几年，智慧旅游和旅游资源物联网提出并兴起，一方面是旅游信息化已经进行到一定的程度，旅游行业各个领域的信息采集与存储具备了相当的规模，通过新技术的应用，积累的信息资源有可能集中发挥优势；另一方面，泛在网络与通信技术、传感器技术、RFID 技术、云计算技术的发展，使得未来信息化呈现出新的发展方向和发展模式，旅游信息的精确采集、旅游信息资源化应用成为可能。

美国 2006 年就在宾夕法尼亚州 Pocono 山脉的度假区引入 RFID 手腕带系统，开始智慧旅游的尝试。游客佩戴 RFID 手腕带后，不用携带任何现金和钥匙就可以在活动区内打开自己的房间门、购买食物和纪念品、进行收费的游戏活动等，同时这个手腕带也是顾客的身份证明。

欧洲正在全面开发应用远程信息处理技术，计划在全欧洲建立专门交通无线数据通信网，通过智慧交通网络实现交通管理、导航和电子收费等功能，重点包括：旅行信息系统（ATIS）、车辆控制系统（AVCS）、商业车辆运行系统（ACVO）、不停车收费系统（ETC）等。

韩国首尔基于智能手机平台，开发了“I Tour Seoul”应用服务系统，该系统是首尔市专为旅游者提供的掌上移动旅游信息服务平台。通过该平台，旅游者可实时获得其当前所在位置周边的各种相关旅游信息，如：旅游景点、餐厅、酒店信息等，而且还提供了从当前位置利用公交、私家车、步行方式前往目的地的方法。该平台提供5种语言的服务，对于不懂韩文或首尔地理的国外旅游者来说，非常便利。

中国的旅游信息化建设大体分为三个阶段：第一阶段是专业化阶段，这个阶段所有的景区和旅游主管部门都在建网站、建数据库，实现了统一管理的基础数据和专题数据，从单一的功能转变到专题的综合应用；第二阶段就是建设数字旅游和数字景区的阶段，我们在这个阶段已经实现了一些分布式的数据集成管理功能，并建立了一定的数据共享和服务机制，构建了城市/区域性的空间信息基础设施，实现了数据和业务的共通和共享；第三个阶段就是智慧旅游的阶段，是智能化的阶段，在这个阶段旅游信息化建设应该是以面向应用、面向用户和面向整个旅游产业升级为目标的，将新一代的IT技术充分运用到旅游产业链的各个环节中，把感应的芯片装备到旅游资源中，通过云计算和超级计算机，把物联网、互联网和通信网络整合在一起，实现人与人、人与物以及物与物的通信，从而达到更加精细、动态的管理景区和旅游资源的目的，实现旅游全过程的智慧状态。

旅游业是一种体验经济，游客从设计旅游行程到获取旅游资讯，从查询电子地图到体验虚拟旅游，从感受垂直搜索到享受网络预订，从领略智慧景区到分享旅游经历，无不处在这种旅游的体验之中。

同时，大众化、散客化、个性化和自助化的出游已经成为一个潮流，自驾游、自游行、背包游也成为普遍的出行方式，很多地方散客人数超过团队游人数。据不完全统计，北京旅游的散客占到1.8亿旅游人数的80%，这是一个巨大市场，需要有更加便利快捷的智能化、个性化、信息化的服务。

当前以物联网技术、3G 移动通信技术为代表的信息技术迅猛发展，使泛在化、网络化、互联化、移动化和智能化成为一种大势所趋。这将给我们所有的产业格局、经营方式、发展模式带来根本性变化。“十二五”规划建议中，已经明确在传统“四化”中增加了“信息化”，这都体现了我们要用信息化带动工业、服务业发展的总体趋势。

旅游和信息化这两种历史性潮流的结合，必将会带来旅游业的第二次革命。如果说过去互联网与旅游业的结合是旅游业的第一次革命，那么新技术、新变化将会带来第二次革命。传统旅游信息化的点菜模式正随着物联网、云计算的带动转变为一种贴身服务、位置服务。主动发现旅游者的需求，根据旅游者所在位置，根据旅游者的个性需求，通过便利的手段实现更加优质的服务，这就是智慧旅游的应用前景。

智慧旅游就是要通过互联网、物联网、通信网络平台的支持和多种先进信息技术的应用，为政府主管部门提供决策依据，提高政府的工作效率，由传统政府向电子政府过渡；为旅游企业提供及时的旅游信息，为企业的市场营销、线路设计提供技术上的支持；为旅游者个人提供旅游地与旅游有关的各种旅游信息和预订服务，并可针对旅游者的喜好为旅游者制定特色路线，同时虚拟现实技术可让旅游者提前进行体验；为旅游专业院校的学生提供虚拟的实习环境，为旅游教学服务。

智慧旅游的应用体系包括：应用层、网络层和感知层。应用层实现智慧的旅游政务、智慧的旅游公共服务、智慧的景区、智慧的旅行社、智慧的交通、智慧的酒店等智慧旅游的行业应用；网络层通过互联网、物联网以及移动通信网络为应用层提供网络服务，实现数据安全、高效的传输；感知层通过各类数据采集和感知技术如：RFID、条形码、传感器、摄像头等，实现数据采集和存储，为整个智慧旅游的应用体系提供基础数据的支撑。

支撑智慧旅游的关键技术包括：宽带网络和电子技术、物联网技术、地理信息系统、遥感、全球定位系统、决策支持系统、多元数据库技术、数据挖掘和数据融合技术、虚拟现实技术、多媒体技术等，这些技术为整个系统提供技术支撑，使智慧的旅游成为可能。

智慧旅游体系建设的核心主要是旅游应用信息系统工程的建设，包括旅游非空间信息管理系统与旅游空间信息管理系统的建设，具体由若干子系统组成，分别是：系统管理模块、旅游信息管理系统、旅游信息网络发布系统、旅游目的地信息咨询系统、三维虚拟旅游系统、旅游管理与规划信息系统、旅游灾难预警系统等。

要解决智慧旅游的数据化、互联化、智能化，就不得不解决以下三大关键技术，即：数据化感知技术、互联化传输技术和智能化处理技术。所谓实现数据的全面感知，就是使旅游资源能被计算机识别，然后形成整体的数据网络，从而实现数据信息的即时交互。数据感知技术有传感技术、RFID 技术、GPS 技术、视频识别、红外、激光、扫描等。互联化传输技术包括互联网技术和移动通信技术等，分为远距离通信技术（GSM、GPRS、UMTS 等）、近距离通信技术（Wifi、蓝牙、Zigbee、RFID 和 UWB 等）以及基于 GPS、无线终端和网络的位置服务技术等。实行智能处理的技术有云计算、模糊识别等。其中，云计算通过网络把多个成本相对较低的计算实体整合成一个具有强大计算能力的完美系统，并借助 SaaS（软件即服务）、PaaS（平台即服务）等先进的商业模式把强大的计算能力分布到终端用户手中。

2. 智慧旅游发展指导意见（原文）

智慧旅游是运用新一代信息网络技术和装备，充分准确及时感知和使用各类旅游信息，从而实现旅游服务、旅游管理、旅游营销、旅游体验的智能化，促进旅游业态向综合性和融合型转型提升，是游客市场需求与现代信息技术驱动旅游业创新发展的新动力和新趋势，是全面提升旅游业发展水平、促进旅游业转型升级、提高旅游满意度的重要抓手，对于把旅游业建设成为人民群众更加满意的现代化服务业，具有十分重要的意义。为引导和推动我国智慧旅游持续健康发展，现提出如下意见：

一、总体要求

（一）指导思想

深入贯彻实施《中华人民共和国旅游法》和《国务院关于促进旅游业改革发展的若干意见》（国发〔2014〕31号），以满足旅游者现代信息需求为基础，以提高旅游便利化水平和产业运行效率为目标，以实现旅游服务、管理、营销、体验智能化为主要途径，加强顶层设计，完善技术标准，整合信息资源，建立健全市场化发展机制，鼓励引导模式业态创新，有序推进智慧旅游持续健康发展，不断提升我国旅游信息化发展水平。

（二）基本原则

坚持政府引导与市场主体相结合。政府着力加强规划指导和政策引导，推进智慧旅游公共服务体系建设；企业在政府规划、政策和行业标准引导下，以市场需求为导向，开发适应游客需求的产品和服务。防止政府大包大揽和不必要的行政干预。

坚持统筹协调与上下联动相结合。着眼于中国旅游业发展的整体和长远需要，着力加强信息互联互通，有效规避信息孤岛化、碎片化。在确保信息资源可共享的基础上，各地可结合实际需求，先行先试，创新智慧旅游服务管理手段。

坚持问题导向与循序渐进相结合。要突出为民、便民、惠民的基本导向，防止重建设、轻实效，使游客充分享受智慧旅游发展的成果。要充分认识智慧旅游建设的系统性和复杂性，通过成熟的技术手段，从最迫切最紧要问题入手，做深做透，循序渐进。

（三）发展目标

到2016年，建设一批智慧旅游景区、智慧旅游企业和智慧旅游城市，建成国家智慧旅游公共服务网络和平台（12301. cn）。到2020年，我国智慧旅游服务能力明显提升，智慧管理能力持续增强，大数据挖掘和智慧营销能力明显提高，移动电子商务、旅游大数据系统分析、人工智能技术等在旅游业应用更加广泛，培育若干实力雄厚的以智慧旅游为主营业务的企业，形成系统化的智慧旅游价值链网络。

二、主要任务

（四）夯实智慧旅游发展信息化基础。加快旅游集散地、机场、车站、景区、宾馆饭店、乡村旅游扶贫村等重点涉旅场所的无线上网环境建设，提升旅游城市公共信息服务能力。

（五）建立完善旅游信息基础数据平台。规范数据采集及交换方式，逐步实现统一规则采集旅游信息，统一标准存储旅游信息，统一技术规范交换旅游信息，实现旅游信息数据向各级旅游部门、旅游企业、电子商务平台开放，保证旅游信息数据的准确性、及时性和开放性。

（六）建立游客信息服务体系。充分发挥国家智慧旅游公共服务平台和12301旅游咨询服务热线的作用，建设统一受理、分级处理的旅游投诉平台。建立健全信息查询、旅游投诉和旅游救援等方面信息化服务体系。大力开发运用基于移动通信终端的旅游应用软件，提供无缝化、即时化、精确化、互动化的旅游信息服务。积极培育集合旅游相关服务产品的电子商务平台，切实提高服务效率和用户体验。积极鼓励多元化投资渠道参与投融资，参与旅游公共信息服务平台建设。

（七）建立智慧旅游管理体系。建立健全国家、省、市旅游应急指挥平台，提升旅游应急服务水平。完善在线行政审批系统、产业统计分析系统、旅游安全监管系统、旅游投诉管理系统，建立使用规范、协调顺畅、公开透明、运行高效的旅游行政管理机制。

（八）构建智慧旅游营销体系。依据旅游大数据挖掘，建立智慧旅游营销系统，拓展新的旅游营销方式，开展针对性强的旅游营销。逐步建立广播、电视、短信、多媒体等传统渠道和移动互联网、微博、微信等新媒体渠道相结合的全媒体信息传播机制。结合乡村旅游特点，大力发展智慧乡村游，鼓励有条件的地区建设乡村旅游公共营销平台。

（九）推动智慧旅游产业发展。建立智慧旅游示范项目数据库，鼓励旅游企业利用终端数据进行创业，支持智慧城市解决方案提供商以及云计算、物联网、移动互联网应用项目进入旅游业，鼓励有条件的地区建立智慧旅游产业园区。

（十）加强示范标准建设。支持国家智慧旅游试点城市、智慧景区和智慧企业建设，鼓励标准统一、网络互连、数据共享的发展模式。鼓励有条件的地方及企业先行编制相关标准并择优加以推广应用。逐步将智慧旅游景区、饭店等企业建设水平纳入各类评级评星的评定标准。

（十一）加快创新融合发展。各地旅游部门要加强与通信运营商、电子商务机构、专业服务商、高校和科研机构开展合作，引导相关部门和企业通过技术输出、资金投入、服务外包、资源共享等方式参与智慧旅游建设。探索建立政产学研金相结合智慧旅游产业化推进模式。

（十二）建立景区门票预约制度。鼓励博物馆、科技馆、旅游景区运用智慧旅游手段，建立门票预约制度、景区拥挤程度预测机制和旅游舒适度的评价机制，建立游客实时评价的旅游景区动态评价机制。

（十三）推进数据开放共享。加快改变旅游信息数据逐级上报的传统模式，推动旅游部门和企业间的数据实时共享。各级旅游部门要开放有关旅游行业发展数据，建立开放平台，定期发布相关数据，并接受游客、企业和有关方面对于旅游服务质量的信息反馈。鼓励互联网企业、OTA 企业与政府部门之间采取数据互换的方式进行数据共享。鼓励旅游企业、航空公司、相关企业的数据实现实时共享，鼓励景区将视频监控数据与国家智慧旅游公共服务平台实现共享。

三、保障措施

（十四）加强组织领导。各级旅游部门要加强领导，积极稳步推进智慧旅游建设。国家旅游局智慧旅游工作领导小组负责智慧旅游建设的总体指导和监督实施，指导有关技术标准规范制订。各地应结合实际建立智慧旅游建设推进小组，统筹协调本地区智慧旅游基础建设、标准制定、技术应用和推广。鼓励有条件的地方建立智慧旅游协同创新中心、产业孵化中心、公共服务运营中心、人才服务中心。

（十五）加强规划指导。各地要根据实际需要加快制定本地区智慧旅游发展规划、年度计划和工作方案，统筹部署，循序渐进。智慧旅游发展规划要与智慧城市建设规划相结合，利用智慧城市建设发展提供的通信、交通、安全保障、信息交换等基础环境，提高相关工作的协同性。

（十六）强化队伍建设。建立智慧旅游人才培养体系，鼓励民营资本投入智慧旅游职业教育领域，为我国智慧旅游发展提供人才保障。积极开展智慧旅游专业培训，鼓励开展多样化的智慧旅游交流活动。

（十七）加大资金投入。各地旅游部门要加大对智慧旅游的投入力度，保障公益性智慧旅游服务项目建设，支持重点项目建设。积极拓宽融资渠道，鼓励各类投资主体多方面投入智慧旅游发展。

（十八）加强综合评估。各地旅游部门应建立智慧旅游工作目标责任制，将智慧旅游建设工作纳入旅游部门年度考评目标。积极引入第三方评价机制，对智慧旅游项目和成果进行投入、产出、综合效益、推广价值等方面的综合评价，在综合评估基础上不断加以提升改进（国家旅游局 2015 年 1 月 10 日）。

第四节 万物互联综述

当今世界由于技术的发展，事与物之间联系越来越密切、越来越紧密。特别是进入 21 世纪，随着信息高速公路和互联网的极速发展，万物互联的局面已经可见端倪。

信息已经爆炸了，概念用“层出不穷”都无法形容了。

追本溯源，导致万物互联的关键要素和引导发展的未来可能方向会有哪些呢，在信息和概念最本质部分的支撑又是什么？在这里努力梳理一下，以便从相对技术的层面和逻辑上，帮助理解万物互联的世界未来。

当前，人们对 Network、Internet、Web（WWW）有多么深入的了解不得而知，但是这几个核心的概念是进一步深入理解万物互联的基础。如果对这些概念不清楚，建议从上面的基础概念开始，来理解和认识正在发生的“万物互联”和对我们生活以及工作不断产生的深远影响。

万物互联是物联网未来发展可能形成的突破性、革命性局面，而说起物联网，了解其定义和渊源是非常必要的。

物联网，是基于英文单词——Internet of Things 翻译过来的中文结果。在英文单词的描述中，我们突出地看到 Internet 的定位和作用，而从翻译过来的物联网的词汇汇总，过滤掉了 Internet 在其中的关键定位和作用。物（Things）通过互联网（Internet）的互联，是需要新的连接设备的，这些设备主要是指传感设备，如射频识别（RFID）装置、红外感应器、全球定位系统和激光扫描器等种种装置。

不同于 Internet 是 Network 的互联，也不同于 Network 是 PC 的互联，物联网的万物互联所涉及的物品种类几乎急剧地扩展到了所有的事物。物联网的关键有两层意思：物联网的核心和基础仍然是互联网，物联网是在互联网基础上的延伸和扩展的网络；其用户端延伸和扩展到了任何物品与物品之间，进行信息交换和通信。通过智能感知、识别技术与普适计算、泛在网络的融合应用，被称为继计算机、互联网之后世界信息产业发展的第三次浪潮。

所以，下面将更多使用 IOT 来表示国内所称的物联网。

国际电信联盟（ITU）发布的 ITU 互联网报告对 IOT 做了如下定义：通过二维码识读设备、射频识别（RFID）装置、红外感应器、全球定位系统和激光扫描器等信息传感设备，按约定的协议把任何物品与互联网相连接，进行信息交换和通信，以实现智能化识别、定位、跟踪、监控和管理的一种网络。

根据这个定义，IOT 主要解决物品与物品（Thing to Thing，T2T）、人与物品（Human to Thing，H2T）、人与人（Human to Human，H2H）之间的互联。但是与传统互联网不同的是，H2T 是指人利用通用装置与物品之间的连接，从而使得物品连接更加简化，而 H2H 是指人与人之间不依赖 PC 而进行的互连。因为互联网并没有考虑到任何物品连接的问题，故我们使用物联网来解决这个传统意义上的问题。许多学者讨论物联网中，经常会引入一个M2M的概念，可以解释成为人到人（Man to Man）、人到机器（Man to Machine）、机器到机器（Machine to Machine）。从本质上讲，人与机器、机器与机器之间的交互，最终的目的，大部分是为了实现人与人之间的信息交互。

IOT将是下一个推动世界高速发展的“重要生产力”，是继通信网之后的另一个万亿级市场。IOT一方面可以提高经济效益，大大节约成本；另一方面可以为全球经济的复苏提供技术动力。美国、欧盟等都在投入巨资深入研究探索物联网。我国也正在高度关注、重视物联网的研究，工业和信息化部会同有关部门，正就新一代信息技术方面开展研究，以形成支持新一代信息技术发展的政策措施。

IOT拥有业界最完整的专业物联产品系列，覆盖从传感器、控制器到云计算的各种应用以及产品服务、智能家居、交通物流、环境保护、公共安全、智能消防、工业监测、个人健康等各种领域，构建“质量好、技术优、专业性强，成本低，满足客户需求”的综合优势，持续为客户提供有竞争力的产品和服务。

就像互联网是解决最后1公里的问题，IOT其实需要解决的是最后100米的问题，在最后100米可连接设备的密度远远超过最后1公里，特别是在家庭。家庭物联网应用（即我们常说的智能家居）已经成为各国物联网企业全力抢占的制高点，作为目前全球公认的最后100米主要技术解决方案，ZigBee得到了全球主要国家前所未有的关注，相比于现有的WiFi、蓝牙、433M/315M等无线技术，由于这种技术更加安全、可靠，且组网能力强、具备网络自愈能力、功耗更低，它与物联网的发展要求非常贴近，目前已经成为全球公认的最后100米的最佳技术解决方案。

最后，说一下“物”的含义。这里的“物”要满足以下条件才能够被纳入“物联网”的范围：**一是要有数据传输通路；二是要有一定的存储功能；三是要有*CPU*；四是要有操作系统；五是要有专门的应用程序；六是遵循物**

联网的通信协议；七是在世界网络中有可被识别的唯一编号。

IOT 产业是当今世界经济和科技发展的战略制高点之一。物联网产业具有产业链长、涉及多个产业群的特点，其应用范围几乎覆盖了各行各业。到 2020 年之前，全球接入物联网的终端将达到 500 亿个。

作为一个新兴产业，物联网目前还处在起步阶段。发展物联网突出的障碍，包括技术标准还在制定之中、商业模式不够成熟、产业链尚未形成、配套的法律法规及政策亟待出台等。我国作为全球互联网大国，未来将围绕物联网产业链，在政策市场、技术标准、商业应用等方面重点突破，打造全球物联网产业高地。物联网将是继计算机、互联网和移动互联网之后的又一次信息产业的革命性发展，已被正式列为国家重点发展的战略性新兴产业之一。

第五节　无人机＋ 的产业分析

在陪同院士专家调研的过程中，形成本文的思想。

无人机最早用于军事用途，身份颇为神秘。但是与其他一些军用技术一样，现在，无人机已经广泛地应用到民用领域，呈现爆发式增长的局面和趋势，并还处在大发展的初期。

从无人机载荷重量这一关键指标来看，其重量覆盖从不到 1 公斤到几千公斤这一广泛的空间范围。从这个指标来看，目前市场上主要是微型和轻型无人机，并且由于多旋翼飞机的诸多性能优势、操作优势、研制技术低门槛，引发了当前无人机应用发展的大爆发。

虽然像很多的新兴产业应用一样，无人机的使用和管理依然面临很多国家监管方面的不确定性问题，也还处在非常无序的发展和使用状态中，但从长远发展看，这些应该不会给无人机产业的发展带来致命的影响。

我们可以看到，无人机载荷重量超过 100 公斤以上，其设计、研制、运营、维护成本会急剧上升，由此也导致了这类型的无人机一定是面向特定专业领域的应用需求，并且不会有数量上的急剧增长。由此，我们重点聚焦关注的是载荷重量在几十公斤以下的轻型、微型无人机产业发展的未来前景和发展路径。而中、大型无人机的发展前景和发展路径与轻型、微型无人机会有很多本质上的不同。

2015 年的热点词汇中出现了“互联网 +”，一方面它由著名公司提出并引发热议，另一方面它更被写入总理的政府工作报告中，成为国家经济发展的方略。在分析研究无人机产业发展的思考中，这给了我们一些启示——即无人机等同于互联网，在行业应用中，无人机有一部分功能相当于“连接器”“汇接点”“载体平台”，其在航拍领域的广泛应用便可以描述为“无人机 + 摄影摄像”。由此，我们提出的“无人机 +”的思想将很可能是指导无人机产业发展、产业引导、技术创新的重要思想指引，将有可能进一步引发广泛的应用，催动无人机产业更快更深入地与社会生活及各种其他需求广泛对接。当然，“互联网 + 无人机”也是一个重要的命题，也是一个重要的方向指引。

在“无人机 + 摄影摄像”领域，中国的企业大疆创新已经取得世界级的领导地位，并且这也是非常典型的年轻人创业实现梦想的案例。他们的成功，相信会使更多有梦想的年轻人投身到微型、轻型无人机的创业队伍中来。那么，哪些领域可能是这些年轻人施展才华的战场呢？

首先，无人机整机系统本身，可以判断基本上处于相同的技术水平上，并且主要体现在飞控系统、动力系统两个方面。而在工业化、产品化、市场营销方面则主要取决于团队的资本运作能力，这将导致很多公司产出的无人机产品整机系统在性能上差别不大，而质量上会有很大差异。当然，随着更多不同学科门类的人才涌入无人机整机系统产品技术创新，这个方面的领先企业也会获得非凡的发展机会。专注于这个领域的无人机企业将会比从应用需求突破着手的企业要投入更多的资金和人力。相对而言，他们形成的优势也更具有持久性和垄断性。当然由此将会面临的困难也是最大的。瞄准这个领域的企业，我们的建议是要从技术创新源头下些功夫，从我国大量的科研院所、高等学校寻求技术突破的资源支撑，以便缩短创新路径，规避关键技术突破存在的风险。

其次，就是以“无人机+”的思路为指导，聚焦专业应用领域需求满足的广泛的创业团队和无人机企业。对它们而言，“+”的内容是决定其成败的关键要素。可参照的案例还是大疆创新的“无人机+摄影摄像”，这不是说大疆创新在无人机整机系统的研发上无所不为，而是要突出强调其在跨界领域应用中取得非凡成绩所带来的启示。

与“互联网+”的思路相对应，秉承“无人机+”的产业发展思路，其核心在于对某一个特定应用领域需求的把握和占领。同时，确保跟进无人机整机系统技术发展的趋势和潮流，确保技术上能够跟上整体行业发展的步伐。

那么我们来看看，“无人机+”有哪些其他潜在的机会。

1. 公安领域——“无人机+公共安全”

在有关的文章、企业的案例和调研中，我们观察到很多的无人机企业在公安领域取得了不俗的发展。这说明，这些领域的需求与无人机的技术应用有很高的匹配度，从而可以得出第一个建议的发展方向，即“无人机+公共安全”，这包括了公安、消防、交通、巡防等。这一类公共性共安全问题以及无人机应用突破方向，具有相关性和相似性。

2. 物流领域——“无人机+物流”

从赚足眼球的亚马逊无人机送货，到国内的顺丰快递的无人机送货，以及中国广州的极飞无人机企业专注在此领域的投入与研发，我们可以看到，这也是一个全新的无人机应用领域。当然，考虑到物流领域的诸多要素和特点，我们判断“无人机+物流”还有一个现实的探索过程。

3. 农业植保——“无人机+农业”

无人机参与农业植保是其最初的民用应用的领域之一。从各种资料和案例来看，这个领域的应用需求是真实的，的确能够为农业现代化发展提供更好的技术平台手段，“无人机＋农业”具有光明的前景。但是，我们应该看到无人机直接交付给农民是不现实的。在这个领域提供无人机解决方案的企业，需要有效解决最后一段运营服务交付的方式和机制。

4. 电力巡线——“无人机＋电力”

无人机在电力巡线巡检领域的应用也是最早的应用之一，目前有很多公司从事这项业务。作为空中巡视巡检载体，无人机的优势非常突出。两个行业的产业融合与技术创新应该重点强调载荷装备的创新、巡检巡视手段的创新、数据的智能分析和应用。

5. 石油管道巡线——“无人机＋石化”

在石油石化管道长距离传输和保养维护过程中，无人机的特性也有鲜明的优势，同时能够解决一些过去不能解决的问题，比如：快速现场侦查和防控。石油管道突出的问题有很多，如漏油、偷油等问题，这些除了利用无人机的载体平台之外，其他技术防范、检测手段是该领域的发展瓶颈。针对广袤的油气田，无人机的空中视角也能够为用户管理和运营提供有益的补充。

6. 环境灾害监控——“无人机＋防灾”

在广阔的地表覆盖中，海洋、山川、河流等引发自然灾害的潜在威胁一直存在，并且给人们的生产生活造成巨大的影响，如海潮、塌陷、洪水、地震等以及当这些情况发生的时候的监控、防控、信息采集等。考虑这个领域的重大影响，“无人机＋环境灾害”应该是成为无人机＋的发展领域方向之一。并且，这个领域的技术创新应该聚焦空中视角的能力优势，形成新的技术设备手段，进行有效的结合。

7. 环境保护监控——“无人机＋环保”

环境保护问题越来越突出地影响到社会发展和生产生活，从天上到地下、从空气到土壤、从工业到农业，几乎涉及了所有的社会领域。其中，无人机的发展也会有新的机会，可以考虑应用到排污口监控、空气质量采集监控、垃圾处置监控、重大环境保护事件监控指挥等。此领域的需求潜力需要进一步挖掘，需要需求研究和技术创新研发，寻找更合适的融合点。据新闻报道，2015 年 3 月，环保部组织 10 个督导组在京津冀及周边开展大气污染防治专项执法督查，安排无人机对重点地区进行飞行检查。无人机核查发现疑点后，工作人员进行现场检查，发现多家问题企业。无人机通过高空拍摄和检测锁定证据，突破时空限制，还可以抵达传统监察无法抵达的偏远地区，帮助工作人员“直奔现场”，取得了很好的成效。

8. 航空文化教育——“无人机 + 文化”

在无人机产业发展过程中也涉及知识文化产业方面的发展，具体可表述为“无人机 + 文化”，可以考虑包括航空旅游、飞行操作体验、俱乐部、兴趣小组等商业和文化项目，并与企业的产业发展或者政府的文化政策扶持相对接，作为可能的发展增长点，统一考虑。

9. 人才培训——“无人机 + 人才”

新兴行业的兴起，总会伴随着人才的缺乏和人才的培养问题，而在无人机这个新兴领域显得尤为突出。全面观察无人机产业的发展，人才的短缺是突出的问题。同时由于无人机 + 的指导思想的限制，各种跨界人才更为稀缺，而这些人才队伍的成长，对于无人机产业和企业的发展而言至关重要。我们考虑主要的人才包括无人机系统设计制造相关、无人机操作飞行相关、无人机行业应用开拓相关等。

实际上，我们进行综合分析后发现，除了“无人机 + 摄影摄像”这个交叉融合的需求和用户的培养是非常清晰的之外，“无人机 + ”在其他业务领域应用过程中，关于需求的定义、产品的描述、系统的构建特别是用户的培养还处在早期萌芽状态，并且极有可能还远远超出本文论述的“无人机 + ”的范畴。不管怎么说，这个产业方向终将崛起，“无人机 + ”的局面也终将形成，并深刻地影响和改变社会生产生活。这一天来得只会比我们想象的更快。

第六节　无人机＋教育教学

“无人机＋教育教学”的意义在于：利用新颖的载体平台，提升中小学生乃至大学生的创新精神和创新能力。创新教育是指以培养人的创新精神和实践能力为基本价值取向的教育实践，其核心是在全面实施素质教育的进程中，为了应对知识经济时代的挑战，着重研究和解决如何培养学生的创新意识、创新精神、创新思维、创新能力等创新素质问题。创新素质是素质教育的核心内容之一。因此，创新教育是素质教育的一个重要组成部分，也是实施素质教育的切入点。

随着世界新技术革命的到来，新技术、新思想和新方法的应用，航空技术和航天技术将出现新的飞跃，将在发展现代人类文明的三大支柱——信息、能源和材料的事业中做出更大的贡献。青少年学生作为社会发展的未来接班人，在这个领域的启蒙教育尤为重要。

人类飞向天空的梦想，有文字记载的至少有数千年。《墨子》记载：“公输子削竹木以为鹊，成而飞之，三日不下。”这是说鲁班制造的木鸟能乘风力飞上高空，三天不降落；明朝人万户因第一个想到利用火箭飞行而名垂青史；1891 年，滑翔机之父奥托－李林塔尔制成一架蝙蝠状的弓形扑翼飞行器，成功进行了滑翔飞行；1903 年，莱特兄弟制造的以内燃机为动力的飞机上天了，自此人类的飞天梦终于实现了。当年，得知美国莱特兄弟发明了飞机后，冯如决心要依靠自己的力量来制造飞机。1910 年 7 月，冯如根据寇蒂斯“金箭”和莱特兄弟的“飞行者一号”，制作了第二架飞机，10—12 月，冯如驾驶它在奥克兰进行飞行表演大获成功。1911 年 2 月，冯如谢绝美国多方的聘任，带着助手及两架飞机回到中国。

中小学生只有在参与科技实践活动中，才能发现问题、分析问题、提出假设、验证假设，最终解决问题。为了提高青少年科技创新能力培养的效果，有目的、有计划、有步骤地培养青少年科技创新能力，需要设置和开展具体的创新实践活动，进行软件、硬件、团队建设。将无人机作为教育实践主体引入教育教学，从而开拓“无人机 + 教育教学”的创新实践领域和模式，对于当前科技创新日新月异的形势下开展紧跟时代潮流的科技创新教育，具有非常重要的现实作用和引领意义。无人机的新颖性、挑战性能够极大地激发学生的学习兴趣，能够很好地在科学人文精神、航空知识、创新意识、实践能力、创新思维等多方面对学生进行培养和教育。

无人机技术的飞速发展以及民用产品和应用的迅速普及，使得将无人机技术及应用培训引入普及型的教育教学课堂第一次成为可能。根据不同年龄段学生的认知能力、动手能力和知识基础，设置不同能力级别的无人机创新实验室成为当前进行科技创新教育的非常有益、有效、有趣的内容。

考虑无人机技术的前沿性和应用实践的挑战性，建设无人机实验室、开展有关实践和学习，需要相对专业的技术支撑及辅导人员提供辅导。当前，这样的环境、人员乃至教育教学培养培训体系还相对欠缺，这也是制约大规模开展无人机创新教育教学的主要瓶颈，并亟待解决。

第七节　创新创业教育实践

——领航青年商学院案例

大众创业、万众创新始于 2015 年，这种社会潮流也将继续持续下去，并有可能成为很多青年人的选择。

青年投身创新创业，所缺甚多，成功不易。

因此，如何有针对性地为这些投身创新创业的青年人提供切合实际的教育培训，是一件非常具有价值和意义的事情。

围绕当前青年创新创业，有哪些人能起到这些作用呢?

一是传统的商学院机构。传统的商学院高大上，是成功企业家继续深造、谋求战略深度的平台，但由于传统商学院机构门槛高、学费贵、“成功学”多、“失败学”少，不适合初创企业的青年人来学习。

二是创新创业训练营。这些目前已经非常多了，也为青年创新创业提供了很大的帮助。但是，从目标和目的来看，很多创新创业训练营是“投资人寻找项目”的入口，是一场竞技赛、一场运动会，曲终人散后，多数创新创业者还是回归原地，获得的帮助是有限的。为了“摘果子”而组织的创新创业训练营，对于明星项目选拔是有益的，但对于普通创新创业者的培育教育成分不够充足。

三是新的创新创业时代召唤新的内容培训体系。可以说，目前开启了青年创新创业的“大航海”时代，而此时出海航行的水手们，他们所需要的技能如何系统性地获得，他们需要进行怎样的思想和物质装备才能出海创业，从群体范围的诉求来看，这些方面的供给还没有准备好。

新的时代背景下，需要一类专门针对时下青年创新创业诉求的商学院，以“零”为起点，以培养青年领袖、青年企业家为宗旨，并且考虑青年人特点，采取以实训为主、以讲解为辅的教育培训模式等。

也可以将这类机构称为“青年创新创业的黄埔军校”，在这样的平台和支撑下，通过相对系统、不断完善的教育培训体系建设，以解决青年创新创业乃至具体项目存在的问题为使命，应该是有实际的作用和意义的。

在以上思想和目标的指引下，我们看到深圳北航新兴产业技术研究院较早地关注到了这种新形势下的新需求特征，它立足深圳肥沃的创新创业土壤、优良的创新创业环境、庞大的创新创业队伍以及相对完善的市场资源配置，组建了这样的培训机构即领航青年商学院，较早地进行了探索尝试，并初步形成了一些好的做法和经验。

领航青年商学院明确聚焦当前青年创新创业发展的需求，遵循青年人的特点、创新创业的规律、喜闻乐见的方式，形成了一些特点。

领航青年商学院的学员定位是自己已经正式成立企业的团队，并且以企业为单位参加培养培训，目的是真正直接面对已经下决心走上创业道路的青年人。

领航青年商学院组建创业导师团队，并且针对每个有意向报名的创业企业团队投入足够的面试时间，进行具体创业项目的深入沟通，确定是否作为合格培训对象。这个过程实际上完成了对所有候选学院的初级教育培训、引导指导。

在团队创业导师的带领下逐一打磨每个学员的创业项目，并准备5分钟“拍砖会”的演讲和质疑，并由全体在场的导师和学员给每一个项目逐一打分。

在前面阶段完成一个月后，再针对每个项目构建和完善项目商业模式，进行第二轮“拍砖”质疑。接下来，准备好完善的商业计划书进行路演答辩。

这个特点将教育培训和企业发展有机地融合在一起，从传统的讲授模式变成新型的辅导与讲授并重模式，最终提交的考核内容恰恰是学员自己的企业不断完善更新的项目商业计划书。从结果看，已经从传统的“学知识”变成“锻炼项目”，目标结果发生很大变化。

此外，在手段创新方面，领航青年商学院密切与新媒体结合，多角度进行摄像，全方位记录每个一个环节、每一个学员的表现，留下珍贵的完整视频资料。

作为新事物、新尝试，这个案例本身也走在不断完善的前进道路上，不论其最终取得成功与否，聚集青年人创业系统化培训，以“商”为主、“商学结合”的培育教育方法，开启了一个全新的探索，这对大众创业、万众创新的社会发展需求，是有积极意义的探索和尝试。

第八节　传统产业需要不传统的产品

在工作中，常常听到落后产业、夕阳产业、传统产业、新兴产业、未来产业等定义和说法，并形成了一种强大的“喜新厌旧”的产业淘汰、转型升级的社会风气和发展趋势。

毋庸置疑，随着社会发展、技术进步，必然有一些产业变成夕阳产业并最终在社会经济中消失，这是社会发展的自然规律，也是必然趋势。当然，产业消失，支撑该产业的技术却不一定会消失。

比如，蒸汽机技术作为驱动力被电力所取代，但是蒸汽机技术就应该退出历史舞台吗，不能够在其他领域发挥作用吗？答案是否定的，对于蒸汽机技术而言，一定还有合适的用武之地。比如，辽宁号航母的动力系统，依然是用的蒸汽机技术。

在我国，传统产业占比非常大，如果以改革开放开始实行的1978年为对比时间点，中国至少有70%的GDP来自传统产业；如果以2000年为对比时间点，那么至少85%的产业属于所谓的传统产业；我国政府规划到2020年，六大新兴战略产业的产值要占到GDP的20%，从另一角度解读这些数据，即十年后传统产业占中国GDP的比重仍然很高。

传统产业也称传统行业，主要指劳动力密集型的、以制造加工为主的行业。

从创新创业趋势把握的角度，我们着重谈谈传统产业的定位和发展的问题。

1. 没有传统产业只有传统产品

制造业是传统产业的核心，这样的产业不可能被淘汰，更不可能消失。近年来，美国开始出现制造业回归，我国也发布了“中国制造2025”。所以，制造业是永远有机会的产业，也是一个国家必然的支柱产业。

但是，为什么现在制造业表现得这么艰难呢？

主要是当前制造业产品太低端、技术含量不高等，造成中国制造业在全球经济一体化竞争中始终处于劣势。此外，前些年逐渐积累了大量的过剩产能和发展负债，难以有效消化。

概括一句话，没有好产品就不会有好市场。制造业所对应的市场发展和需求变化虽然缓慢但也在时时刻刻发生着，没有跟上这个趋势，不能提供不断改进的产品，那么这样的企业就不能生存发展下去。

所以，对于以制造业企业为代表的传统产业而言，核心是能够在时代背景下，把握趋势、响应需求，不断推陈出新，不断升级换代。

应该说，现在初步显现了制造业良好的发展前景。但主要挑战在于，全球化竞争、技术进步频繁使得我国的制造业企业难以适应和跟上。

2. 向自动化智能化发展

当年钱学森说过一句话：“只要自动控制做得好，即使元器件差一点导弹也能打上天。”钱老讲的就是自动化的重要性。发展工业自动化，是提升国家整体国力的主要手段。日本和德国的经济起飞，就是从这里开始的。

现在德国讲工业 4.0，依据这个逻辑参照，我们国家传统制造业大体上是工业 2.0/3.0/4.0 同时并存的情况，特别突出的就是自动化生产和自动化应用水平非常低下。

自动化发展是传统产业发展面临的重大机遇。

掌握核心技术只有一条路，就是自主创新。当然，可以合作、融合。只有掌握了自主创新，获得了核心关键技术，制造业才能把握自己的命脉。正是我们在这个方面落后得太多，使得当前传统产业发展表现得非常艰难。

3. 生产自动化改造

技术改造是工业化的一项重要任务，技术改造具有技术新、投资省、周期短、见效快、效益好的特点，技术改造投资乘数效应大，杠杆作用显著，能快速形成新的经济增长点，促进经济增长。

自动化是电子技术、自动化技术、仪器仪表的集成技术的综合运用，也就是自动化技术可以带动众多技术向前发展，带动整个工业调整。从整体上看，在技术装备、能源和原材料消耗、产品品质和管理水平等方面，我国传统产业与发达国家相比仍存在着很大差距，尤其是技术装备水平与发达国家的差距有扩大的趋势。唯有应用自动化技术，改造传统产业，才是提高企业素质、提高整体效益最现实、最有效的途径。

4. 产品走向智能化

产品智能化的核心体现是可计算，展现的特性包括互联、互通、感知、反馈等。

以计算机控制为核心，以传感传动为关键技术，升级传统产品向智能化发展；以智能化产品互联、互通为目标，构建通信协作网络从而向工业互联网发展。真正抓住当前的重大机遇，获得市场机会，改变落后低质的制造业面目。

可以看到，不同行业已经在这里发生了融合。大量投入先进电子、信息技术的制造业企业，显然已经不是制造传统产品的企业了。

第九节　IT 能力是企业的重要能力

IT 部门大家都很熟悉，而 IT 能力的提法则比较少，也许只有我在这里提到。现在大多数企业的 IT 部门还是后台部门角色，仅发挥支持和保障的作用，参与企业前端业务创新的机会并不多。而未来，任何一个企业的创新可能都离不开 IT 部门，这种情况下再谈 IT 部门就相对狭隘了很多，应该表述为："整个企业具有的 IT 能力决定着企业的一大部分发展创新的能力"。

当前存在的主要问题是什么?

目前，大多数建立了 IT 部门的企业仅发挥了 IT 部门组织建设、运营维护方面的专业能力。在多年不断建设的过程中，形成了很多的软硬件支持系统，但这些系统还缺乏统一的指挥调度、数据集中。这种局面下，想通过更广泛深入的信息化技术支撑、支持企业的创新，心有余而力不足。

举例来说，人力系统、财务系统、办公系统、销售系统、生产系统、进销存系统等，很多还是分散独立运行的，即便进行了统一的身份认证、统一的数据集中存储，也还不能够形成数据的集中整合使用。

还有一个突出的问题是，IT 部门在业务创新、产品创新等方面没有发言权，原因是他们未能清楚地感知自身的角色应该进行重新定位，也还不清楚自己拥有的数据对于企业的运营意味着什么。

最后一个问题是，企业前端业务部门也不知道寻求 IT 部门在业务创新中提供数据支撑，提供综合数据应用分析。

得数据者，得天下。

显然，随着社会信息化的不断深入，不能够充分利用好自己拥有的数据的企业，其实极大浪费了非常有价值的数据生产资料。

什么是 IT 能力？IT 能力，高度抽象来说就是企业使用数据的能力，包括了数据的采集、数据的存储、数据的分析，其核心指标是通过数据“发现”知识的能力，即为企业智慧的一种本质表现形式。它将是企业未来竞争的决定性能力。

数据是容易得到的，而数据之中蕴含的知识是客观存在的，这是一个重要认知基础。知识可以从大量的数据中提取，这也是革命性的趋势。

比如，增长的数据、客流的数据、库存的数据、财务的数据、投诉的数据等，这些都存储在数据库中，也都掌握在业务部门手中。那么，为什么会增长？为什么是这么多？什么人在投诉？这些疑问是可以问的，而要回答这些问题，就需要综合数据分析支撑，也需要业务部门对数据变化十分敏感，有意识多问为什么，并愿意主动探求数据背后的本质。

单单想到这些问题并不困难，关键是这些问题能够及时自动跳出来吗？能够预警吗？能够将一个部门的数据自动推送给关联的其他部门吗？这就涉及数据综合应用的能力，需要进行以信息技术为支撑的业务组织流程重构。在这个基础上，就是向着大数据应用迈进了。

大数据怎么来，如何用？

大数据应用的核心本质和标志与上面谈到的“知识发现”是一致的。

站在大数据应用角度，并非有了数据就可以做到“知识的发现”了，这中间有很长的距离和巨大的挑战。

我比较偏向计算机领域专业的解释，这个难度主要在于模型的研究，即企业有能力建立数据分析模型，从而将数据导入模型产生新的知识。建立模型是不容易的，所以从数据到知识也是不容易的。

大数据应用从表面上看是IT领域的技术创新和应用的问题，而本质还是以企业自身业务创新、业务梳理、业务重构、业务研究为先导的。换言之，如果企业仅仅盯着数据，是不能够进步到大数据应用层面的，是不能够成为有智慧的企业的。

大数据的应用关键技术在于企业的业务研究。这些研究有两个方向，一个是从需求端来推动和研究，另一个是从已有的数据端来推动和研究。这需要不同的工程师，更需要学科交叉的工程师。更为重要的IT部门提升为企业IT能力的承载部门，就不仅仅是一个专业、一个部门的事情了，可以说他们就是企业决策的运算大脑。

所以，如果还是将这个部门的主要负责人称为CIO的话，他的地位特别是责任要大大提升和加大要求，至少有更多机会与CEO并肩作战指挥。

这个部门再被称为如信息中心可能就不十分准确了，大体上至少可以成为战略决策支持和数据运营中心了，其作用应该上升到企业的战略决策支持层面，当然传统的系统运营维护的责任还是有的。

信息中心需要重新定位、定义，需要人员知识结构覆盖更多学科，特别是需要覆盖本企业主营业务学科方面的人员加入信息数据的处理部门中来。

工业化和信息化结合也是一样，核心是企业应该具备很强的IT能力。对于工业企业而言，工业自动化、智能化、工业互联网核心就是IT技术与产品制造的无缝链接，这种局面将会很快形成，而现有制造企业的IT部门几乎还没有准备好，还有很多中小型制造业企业自己没有IT部门，业务运行系统支持业务开展的能力尚显不足，外包的有效服务系统也十分欠缺。

何为智慧制造?

我们不在这里纠结智慧制造的定义，只给出一般性的特征分析判断，并进一步提出在这些特征中 IT 能力的重要性。

企业根据规模大小，在组织自身产品制造的过程中，会有很完善的流程和过程。所以，智慧制造的特征就是，这些流程和过程的自动化、这些流程和过程衔接的自动化、运行过程中的数据自动使用特别是自动分析、非现场业务数据与现场业务决策的结合、生产的产品或系统内嵌的计算能力等。

以上很多对于一个企业而言都是非标准的业务，也就是说，不是通过从市场上简单地买入、安装、调试就能够发挥作用的，而是需要企业自身有一个长期的建设过程、学习过程、适应过程，短期内是不能够达到智慧制造水平和要求的。

所以，制造业企业要加强 IT 部门建设，更要认识到 IT 能力是一项关乎企业发展的重要能力。这在社会发展到今天之前，大家是没有清楚看到的。当然，有兴趣的可以去检索一下华为公司在 IT 系统建设推动企业改革创新方面发生的故事以及后来推动企业发展所起到的卓尔不群的作用，网上有很生动的描述。

再比如，苹果公司的手机卖得好，当然产品质量的确很好，更为重要的是其后端的 APP Store 模式，完全颠覆了传统手机制造商销售手机的服务模式，创新性地提供了运营服务。这也可以说是制造业企业与信息技术应用完美结合的案例。可以得出一个结论，IT 能力是苹果公司超越其他公司的主要方面之一。

如果 IT 能力对于制造业企业已经如此重要，那么我们想表达的就是，对于服务业而言，IT 能力会更加重要。比如，最早并且应用得最充分的服务业就是银行业。原来大家是一个纸质存折，金融服务都必须现场办理；后来是储蓄卡和银联系统互通，就方便很多了；现在是电话银行、网上银行，实质上的虚拟银行就能够提供各类金融服务了。并且，金融服务的种类也越来越多。这些都是十分依赖银行自身的 IT 能力的，所以说银行的 IT 部门与其他行业的 IT 部门相比，重要了很多，而且还会变得更重要。

对于完全依赖互联网、移动互联开展业务的企业而言，其全部的能力都体现在了 IT 能力上。还可以发散地想一想，农业企业作为第一产业，需不需要强大的 IT 能力？现在就可以来回答，农业企业也十分需要强大的 IT 能力，因为对于这些企业而言，信息技术应用的能力也将是构成其核心竞争力的重要维度。

第十节　书苑：BOOKLETS
——创业书苑的探索

在创客空间发展日趋丰富多样的今天，创客空间应当是什么样，应该具有什么样的功能，可以具有什么样的多样性？

回答这些问题，只需遵循一个简单基本的逻辑：能够满足创客、创业者全部或部分需求的场地、空间，均可以称为“创客空间”。

书是人类最好的朋友，创客空间也离不开读书分享的功能，可以想象便利的书籍供给，对创客、创业者们的社交和工作一定具有非常大的帮助。

想到并提出 BOOKLETS，是受到 OUTLETS 的启发，也是在思考文化创新与科技创新如何有效融合的过程中，创造性地提出的一种空间建设思路。

OUTLETS 的中文直译是“奥特莱斯”，其英文原意是“出口、出路、排出口”的意思。在零售商业中专指由销售过季、下架、断码名牌商品的商店组成的购物中心，因此也被称为“品牌直销购物中心”。OUTLETS 最早诞生于美国，迄今已有近一百年的历史。它起初是“工厂直销店”，专门处理工厂尾货，后来逐渐汇集，慢慢形成类似 Shopping Mall 的大型 OUTLETS 购物中心，并逐渐发展成为一个独立的零售业态。

进入 20 世纪 70 年代，OUTLETS 业态在美国呈现快速发展的势头。截至 1996 年，美国境内已经建立了 300 多家奥特莱斯购物中心，并且有了奥特莱斯开发商的加入，这种营销形态发生了实质性的变化。首先是供货商从过去单一的商品工厂发展为商品工厂、品牌所有者、品牌代理商、品牌批发商乃至大型百货商店共同参与的专门供货渠道。其次是功能更加齐全，休闲购物一体化。最后是开始讲究购物环境并向城市靠近。因此，这种直销中心渐渐发展成为大型或超大型购物中心，特别是近两年，销售额屡创新高。

OUTLETS 吸引顾客有三样法宝：

• 驰名世界的品牌——荟萃世界著名或知名品牌，品牌纯正，质量上乘；

• 难以想象的低价——一般以低至 1 ~ 6 折的价格销售，物美价廉，消费者趋之若鹜；

• 方便舒适的氛围——远离市区，交通方便，货场简洁、舒适。

那么借用 OUTLETS 的概念和内涵，可否创造性地构建 BOOKLETS 这样的服务创新创业的创客空间综合体呢？这种可能是存在的，也许会是未来出版发行向需求端倾斜的一种有效探索和尝试。

BOOKLETS 应该具有以下几个功能：

• 与创新创业者的特质需求进行对接，服务他们的过程中传递知识、创造价值、创新商业模式。

• 低于市场价的定价——以更低的折扣为读者供应书籍。

• 方便舒适的氛围——远离市区，交通方便，货场简洁、舒适。

随着创客空间越来越多，提升和打造成为 BOOKLETS 形态的主题内涵具有广阔的空间。

对于书店、书商而言，设立书店的主要成本通常在场地租金和人员费用上，一旦与现有的创客空间结合，则场地成本变为边界可忽略成本。此外，由于聚集人群的成本由创客空间的日常活动承担，因此营销成本也相对降低。最后，可以考虑多种合作模式，共享创客空间的人力资源队伍，在基本不增加人力成本的基础上，完成书籍的销售和供给。

更特别的是，对于创客空间而言，通过引入 BOOKLETS 这种创新内容主题，也将提升自身运营的水平和盈利能力，从而更好地为创客们提供优质的服务。

关于 BOOKLETS 的形态，可以包括：

- 快捷酒店（BOOKCORNER）;
- 咖啡吧;
- 孵化器;
- 训练营;
- 创客空间;
- 创客客栈（BOOK&BED）。

以上是传统形态，我们甚至可以进行更理想的展望，建设一种依托BOOKLETS开展的创新创业综合体、商务休闲社交综合体等。

后　记

《创新创业导航》是一本从实践工作中提炼总结的研究汇编，所以在这里首先要感谢深圳市政府、广州市政府、顺德区政府、龙岗区政府对北京航空航天大学建设校地合作平台给予的大力支持和帮助，感谢他们对双方合作共建平台的投入和保障。

本人在从事创新平台建设的工作之余思考和编写这些内容的时候，还有无数的同事们在加班加点地奋战，他们在工作中的创新、妙想也汇总归纳到了这本书里面。由于对这些零散的火花进行逐一的标识实属不易，所以在最后需要一并致谢，感谢他们在工作中给予的支持帮助、批评指导，也感谢他们在实践中积累的经验教训，使我能够有更广阔的视野和角度来思考这些问题。

在这几年反复思考记录并终于汇编成册的时刻，掩卷回想：第一个层面是诸多的不容易，第二个层面是数不清的感动和收获，第三个层面是认知事物的思想沉淀。

此时此刻，深深地感觉到，即便如此深思还是很可能如盲人摸象般不得创新创业的本质要领。即便在可能献丑露怯的情况下，仍然鼓起勇气努力地试图完成对这一领域思考的文字展现。本着最初的初心，至少能够呈现自己这个阶段的工作。

漫漫长路一直向前，无限风光在险峰。这属于勇于创新创业者追求的领域，希望他们都能够扬帆远航，领略人生无限美好。

王保江

2016 年 6 月于深圳